世界五千年
科技故事丛书

卢嘉锡题

世界五千年科技故事丛书

实验科学的奠基人

伽利略的故事

丛书主编　管成学　赵骥民

编著　李立志　刘利秋

吉林出版集团 | 吉林科学技术出版社

图书在版编目（CIP）数据

实验科学的奠基人：伽利略的故事 / 管成学，赵骥民主编.
-- 长春：吉林科学技术出版社，2012.10（2022.1 重印）
ISBN 978-7-5384-6094-0

Ⅰ.① 实… Ⅱ.① 管… ② 赵… Ⅲ.① 伽利略，G.（1564～1642）
－生平事迹－通俗读物 Ⅳ.① K835.466.1-49

中国版本图书馆CIP数据核字（2012）第156242号

实验科学的奠基人：伽利略的故事

主　　编　管成学　赵骥民
出 版 人　宛　霞
选题策划　张瑛琳
责任编辑　朱　萌
封面设计　新华智品
制　　版　长春美印图文设计有限公司
开　　本　640mm×960mm　1 / 16
字　　数　100千字
印　　张　7.5
版　　次　2012年10月第1版
印　　次　2022年1月第5次印刷

出　　版　吉林出版集团
　　　　　吉林科学技术出版社
发　　行　吉林科学技术出版社
地　　址　长春市净月区福祉大路 5788 号
邮　　编　130118
发行部电话 / 传真　0431-81629529　81629530　81629531
　　　　　　　　　　　　　81629532　81629533　81629534
储运部电话　0431-86059116
编辑部电话　0431-81629518
网　　址　www.jlstp.net
印　　刷　北京一鑫印务有限责任公司

书　　号　ISBN 978-7-5384-6094-0
定　　价　33.00元
如有印装质量问题可寄出版社调换

序　言

十一届全国人大副委员长、中国科学院前院长、两院院士

路甬祥

　　放眼21世纪，科学技术将以无法想象的速度迅猛发展，知识经济将全面崛起，国际竞争与合作将出现前所未有的激烈和广泛局面。在严峻的挑战面前，中华民族靠什么屹立于世界民族之林？靠人才，靠德、智、体、能、美全面发展的一代新人。今天的中小学生届时将要肩负起民族强盛的历史使命。为此，我们的知识界、出版界都应责无旁贷地多为他们提供丰富的精神养料。现在，一套大型的向广大青少年传播世界科学技术史知识的科普读物《世

界五千年科技故事丛书》出版面世了。

由中国科学院自然科学研究所、清华大学科技史暨古文献研究所、中国中医研究院医史文献研究所和温州师范学院、吉林省科普作家协会的同志们共同撰写的这套丛书，以世界五千年科学技术史为经，以各时代杰出的科技精英的科技创新活动作纬，勾画了世界科技发展的生动图景。作者着力于科学性与可读性相结合，思想性与趣味性相结合，历史性与时代性相结合，通过故事来讲述科学发现的真实历史条件和科学工作的艰苦性。本书中介绍了科学家们独立思考、敢于怀疑、勇于创新、百折不挠、求真务实的科学精神和他们在工作生活中宝贵的协作、友爱、宽容的人文精神。使青少年读者从科学家的故事中感受科学大师们的智慧、科学的思维方法和实验方法，受到有益的思想启迪。从有关人类重大科技活动的故事中，引起对人类社会发展重大问题的密切关注，全面地理解科学，树立正确的科学观，在知识经济时代理智地对待科学、对待社会、对待人生。阅读这套丛书是对课本的很好补充，是进行素质教育的理想读物。

读史使人明智。在历史的长河中，中华民族曾经创造了灿烂的科技文明，明代以前我国的科技一直处于世界领先地位，涌现出张衡、张仲景、祖冲之、僧一行、沈括、郭守敬、李时珍、徐光启、宋应星这样一批具有世界影响的科学家，而在近现代，中国具有世界级影响的科学家并不多，与我们这个有着13亿人口的泱泱大国并不相称，与世界先进科技水平相比较，在总体上我国的科技水平还存在着较大差距。当今世界各国都把科学技术视为推动社会发展的巨大动力，把培养科技创新人才当做提高创新能力的战略方针。我国也不失时机地确立了科技兴国战略，确立了全面实施素质教育，提高全民素质，培养适应21世纪需要的创新人才的战略决策。党的十六大又提出要形成全民学习、终身学习的学习型社会，形成比较完善的科技和文化创新体系。要全面建设小康社会，加快推进社会主义现代化建设，我们需要一代具有创新精神的人才，需要更多更伟大的科学家和工程技术人才。我真诚地希望这套丛书能激发青少年爱祖国、爱科学的热情，树立起献身科技事业的信念，努力拼搏，勇攀高峰，争当新世纪的优秀科技创新人才。

目 录

目　录

小制作专家

1564年2月15日，是人类科学史上一个极不平凡的日子。这一天，一颗科学巨星从意大利西部海滨城市比萨城冉冉升起。它就是为人类科学做出卓越贡献、被人们誉为实验科学创始人的意大利物理学家、力学家和天文学家伽利略·伽里莱（Galile Galilei，1564—1642）。

伽利略诞生在比萨城一户没落的贵族家庭。他的祖辈曾是佛罗伦萨显赫的贵族，原姓博纳米提，由于被选入贵族院而改姓伽里莱。可后来家道中落，到了伽利略出生时，他的家境已破落得与贫民相差无几。

孩提时期的伽利略是一个极其普通而平凡的小孩，圆圆的面孔、棕色的头发、身材要比同龄人矮小一些。只是两只炯炯有神的大眼睛格外明亮。小伽利略自幼天资聪颖，勤思好问，喜欢与别人辩论，从不满足于大人告诉他的道理，而要去自己探索证明。"为什么"这个词老是挂在他的嘴上，灵活的大脑与精巧的小手，经常忙个不停，好像总有说不完的话、做不完的事。

伽利略的父亲万桑佐，受过良好的教育，是一位多才多艺的音乐师，而且精通数学。他早年在威尼斯从师查里诺，学习音乐理论，后来进入比萨的梅雷特学院，在音乐理论方面具有较深的造诣。他的创造能力在音乐实践中表现突出，对乐器弦的长度和张力做过多次实验，亲手制作了多种乐器，并从中发现了某些数学规律。万桑佐受文艺复兴时期进步思想的影响较大，具有自由思想。他反对按权威来判别是非，对周围事物充满怀疑精神，从不与那些因循守旧者为伍。他的思想和言行对童年和少年时期的伽利略产生了极为重要的影响。

尽管万桑佐具有杰出的音乐和数学才能，但却没能改变他家的生活状况。因为那时数学还未得到应有的重视，比萨大学也没有设专职的数学教授。并且，比萨城也没有人肯花高价聘请音乐师，因此他无法用数学和音乐去换取面包。为了全家人的生活，万桑佐不得不忍痛放弃自己心爱的专业和艺术，而去从事他一窍不通的商业活动，赚钱维持一家人的温饱。他把重振家业的希望寄托在长子伽利略身上。万桑佐决心竭尽全力使他的长子受到良好的教育，以便日后出人头地。

1572年，伽利略8岁时，万桑佐不惜花费一笔相当可观的学费，送他到附近一所条件优越的小学读书。

伽利略自幼有着强烈的求知欲，来到学校读书，对他来说如鱼得水。他如饥似渴地读书，各门功课都学得很好。因此老师们很喜欢他。他还喜欢绘画，爱好音乐，很快就表现出自己的艺术天斌。

夜晚，伽利略常坐在室外观看星星，那高悬天际的明月，那满天闪烁的群星，激起他极大的兴趣，引起他无限的遐思和向往。在他那幼小的心灵里，充满了各种各样奇妙的幻想：月亮离我们有多远？月球世界究竟是什么样？星星为什么会发光？天上的星星有多少？人类所在的地球是否像月亮一样？为此，他常遭到朋友们的嘲笑。他们说："伽利略又在做梦了。"当然，他的朋友错了。伽利略并没有做梦，他想得很远，他在尝试着去解释自然界各种奇异的现象。

伽利略酷爱大自然，喜欢到大自然中去漫游，去观察，去学习，去作画。郊外那四季更替的风光，一望无际的原野，深深地吸引着他。春天发芽吐绿的芳草，夏日五彩的鲜花，秋季金色的田野，寒冬晶莹的白雪。这些大自然的杰作被他看在眼里，记在心上，并展现在他的画本上，变成一幅幅美妙的图画。伽利略还喜欢画各种小动物，空中飞舞的蝴蝶，水中漫游的鱼儿，在他的笔下化作一幅幅栩栩如生的画面。小朋友们都喜爱他的画，以求得他的一幅画而引以为荣耀。可是，伽利略偏不肯轻易把自己的绘画作品送给别人。

伽利略心灵手巧，不仅画得好，更引以为骄傲的还是他的小制作。大概是受父亲的影响，伽利略从小就喜欢亲手制作。他有极强的观察力和模仿力。空中的飞禽，地面的走兽，行驶的车辆，各式各样的小房子、小机器都成了他小制作的对象。他制作的小房子有可以开关的门窗。他制作的小车，轮子可以转动，他制作的小仪器，不仅能运转，还能把小物品从地上举起来。对他的制作才能，小伙伴们羡慕极了，都称他为小制作专家。

万桑佐为伽利略优秀的学习成绩和多才多艺而高兴。他知道如果任其发展，伽利略可能成为一名画家、音乐家或发明家。他时常考虑应当把孩子引导到哪条道路上去，才能有利于发展他的才能。考虑再三，他认为既高雅报酬又丰厚的职业莫过于医生。因此他决心将伽利略培养成为一名医生。一天，他对伽利略说：“等你长到13岁，我就送你去一所更好一点的学校。在佛罗伦萨附近的瓦朗布罗萨，有一所著名的学校。那里的老师很有学问，能回答你的问题。他们还会帮助你进大学读书。你如果想当医生。就得上大学。”

不久，伽利略家离开比萨，举家迁往佛罗伦萨。伽利略被父亲送进瓦朗布罗萨的一所古老的修道院学校，在那里可以避免儿子把时间花费在小制作和绘画上，在这所宁静幽雅、富有浓郁的宗教气氛的学校里，伽利略开始埋头读书，放弃了以往的一切爱好，不安分的手脚也开始平静下来。他在学习上进步很快，不仅学到了相当丰富的知识，还表现出了杰出的才能，因而得到老师们的赏识。但他们想把他培养成神职人员。伽利略在他们的引导下，也不知不觉地迷上了宗教，渐渐地产生了对僧侣生活的向往和将自己的生命奉献给教会的意向。

万桑佐听说儿子向往宗教，立即慌了。他知道伽利略富于追求真理的精神，根本无法适应教会的清规戒律。再说他也不希望儿子去过清苦的僧侣生活。当然他更害怕伽利略兴家立业、光宗耀祖的希望落空。偏巧，这时候伽利略患眼病需要休学，万桑佐抓住这个机会，毅然将儿子接回家中。他费尽心思与伽利略作了一次长谈，使伽利略放弃了献身宗教的想法。后来他又力劝伽利略学医，尽管伽利略对医学没有兴趣，但是在父亲三番五次的劝说下，最后还是遵从了父亲的意愿。在17岁那年，考入了比萨大学学医。然而伽利略后来从事的研究工作和取得的辉煌成就，竟会与医学毫无关系。

没拿到毕业文凭的大学生

1581年，17岁的伽利略按照父亲的意愿走进了比萨大学医学系的课堂，开始了他的大学生活。

伽利略在比萨大学的头两年中，时刻牢记父亲的嘱托，潜心学医，对教授的讲课也能够细心听讲，学业成绩也相当不错。父亲十分满意。可是随着时光流逝，年龄的增长，明辨是非能力的提高，伽利略对课堂上那种承袭了一千多年的传统教学方法，越来越反感，以至难以忍受。他不理解，为什么教授只会在讲义上和黑板上为人治病，而不去临床上显显身手呢？他对那种死啃书本的学习方式也十分反感。他对同学们说："如果我们坐在课堂里听教授讲课，不接触病人，甚至不让我们去实际解剖尸体，只能观看教授和助教们的表演，那么，我们怎么能学会治病呢？"这些话同学们听了还认为他是胆大妄为，因为他们从来就没有怀疑过教授们的教学方法。

伽利略不但指责教学方法，而且还怀疑某些教学内容。他在课堂上大胆地向教授们提出疑问："为什么要这样做呢？倘若我们不用这种方法，而用另外的方法去医治病人，会怎么样呢？"教授们常常被问得哑口无言，只能以敷衍和责备的口气说："历来就是这样做的，我们只有照办，从来就不问'为什么'"。对于这种回答，伽利略心中很不服气。时间久了，老师们指责他说："你问题提得太多了！你只不过是个孩子，应该听我们的话，接受我们的观点。"

16世纪的欧洲大学，无论什么专业，都必须花费大量课时学习亚里士多德的著作。亚里士多德被奉为无所不知的"圣人"。他的著作被看做为一切知识的源泉，被尊奉为"绝对真理"，不容置疑。人们欲求真知，只需到亚里士多德的著作的字里行间去寻找答案。在大学课堂上，只要一个学生敢于对某一问题提出疑问，教授只需引用亚里士多德的一句话，就可以结束争论。起初，步入大学课堂的伽利略和其他同学一样，带着一种崇拜的心情和求知欲望，花费大量精力钻研亚里士多德的著作，希望从中获取真知。但是，他钻研得越多，就越清楚那些"绝对真理"的意义，也产生了更多的怀疑。伽利略发觉亚里士多德的某些结论是推断出来的。这使他感到有些惶惑不解。为什么一个科学原理未经事实验证，亚里士多德就可以得出结论，而断定它是真理呢？他的结论可靠吗？更奇怪的是，为什么经历了一千多年，他的主张都被学者们奉为真理呢？他觉得亚里士多德有些论点未必正确，其中有一些结论是难以令人信服的。于是，他着手收集一些可能是错误的论点。

1583年夏天，一件意想不到的事改变了伽利略的生活道路，影响了伽利略的一生。这就是与宫廷数学家里奇的相识。当时里奇在杜斯干大公宫中任数学教授。这年夏天他随大公及家眷从佛罗伦萨到比萨的行宫度假，并在这里为宫中的孩子们辅导功课。一天，伽利略慕名去拜访他，恰逢里奇正在讲演。伽利略便悄悄地坐在旁边，听里奇关于欧几里得几何学的讲课。听着，听着，他不禁被里奇精彩的讲课和论证迷住了。他讲得那么严谨，那么富于逻辑性。每一步都有根有据地得到证明。这是多么神奇的科学啊！讲课一结束，他就再也按捺不住自己，立刻走上前去，请求里奇指导他学习数学。他从里奇那里借了一大摞数学书，如饥似渴地读起来。他学得那样认真，那样入迷，有时还进行繁杂的计算、推理。他经常废寝忘食，学习到深夜。他还常去请教里奇，所提出的问题很奇特，问得非常有意义。因而很快得到里奇的青睐。里奇发现这个求教的年轻人不是一个普通的医学生，他对数学的兴趣不仅仅是出于好奇，而且有着强烈的追求并具备杰出的颖悟力。他觉得这个具有非凡的智慧的年轻人很有培养前途，因而开始着手系统地教他数学课程。在里奇的指导下，伽利略进步很快。他不仅学得大量数学知识，而且熟读了欧几里得和阿基米德的著作，从数学中领略了一种崭新的思维方法。这为他日后从事科学研究打下了坚实的基础。

当时作为医学生的伽利略，把大部分精力都放在数学、物理学的学习和实验上，对医学的兴趣则日渐减弱，经常缺课，有时在课堂上也心不在焉，藏在他医学教科书下面的是欧几里得和阿基米德的著作。一有空闲他便用自制的仪器进行各种各样的实验。因而他的医学课程则日趋荒废，成绩越来越差，也因此多次受到老师的警告。他还常用他那"锋利的舌头"触犯那些因循守旧的教授。以致他们认为对这种狂妄行为必须加以制裁。他们把伽利略在校表现添油加醋地写信告诉了伽利略的父亲，请他好好管教自己的儿子。于是，万桑佐赶紧警告儿子，要他听教授们的话，不要再与教授发生任何冲突，更不要荒废学业。

此后。尽管伽利略很少在课堂上与老师发生争执，但丝毫没有放松对数学和物理学的学习，也没有间断他的物理实验。

一个礼拜日，伽利略来到比萨市中心的一座古老的天主教堂，与教徒们一起默默地做祈祷告。忽然，一阵海风从窗口吹来，大厅内悬挂的吊灯，被风吹得左右晃动、有规律地摆动起来。

吊灯链条的嘀嗒声，惊扰了人们的祈祷。伽利略不由自主地向吊灯望去。

有规律地来回自由摆动的吊灯，激起了他一连串的、与祷告毫不相干的思索。

突然，他跳起身来。在摆动着的吊灯的节奏中，他仿佛遭到了闪电的突然袭击。因为他感觉到那盏吊灯摆动的节奏似乎包含着某种科学秘密。因为尽管吊灯摆动的幅度由大变小，可是它每往返摆动一次所用的时间却同样长。

他的感觉正确吗？如果正确，那么他是发现了奇迹！他不敢相信自己的直觉。他走上前去，推了一下灯，再仔细观察。开始，吊灯摆动的幅度很大，后来逐渐变小。果然摆动幅度无论大小，所用的时间都相同。

他自言自语地说："教堂里没有钟，但是我不需要钟，我可以数自己的脉搏。"

将右手中指和食指按在左腕的脉搏上计时。一边摸着脉，一边仔细地观察吊灯的摆动。千真万确，每次摆动所用的时间完全相同！

意外的发现引起了伽利略的惊奇和深思。他想，这里面一定有奥妙。如果不是此时的感觉欺骗了自己，也不是一种偶然的巧合的话，那一定是自己发现了大自然的一条科学真理。想到这儿，他抑制不住激动的心情，转身快步走出了教堂大厅。

他决定立刻回家去，马上做一次摆动的实验，弄清是非真假。

回到家里，他连鞋也来不及换，就迫不及待地冲进自己的小房间，找来两根细绳和两块重量相同的铅块。他把两根绳子的上端分别系在不同的厅柱上，并使两根绳子长度相同。绳子的下端分别坠上一个铅块，准备作他的摆动实验。他请他的教父穆契柯·铁达迪做助手，协助他进行这个实验。

他对教父说："我请您帮我数一数一条绳索的摆次数，我则同时数另一条的。"

铁达迪耸耸肩，看了他一眼，嘴里嘟哝着："又是一个伽利略的发疯念头！"

教父还是愿意帮这个忙。这个小实验迷请他帮忙做实验这样的事，天知道有多少次了。他打心眼里喜欢伽利略这个心灵手巧的孩子，喜欢他那股子钻研劲儿，没准儿将来会有大出息哩。

铁达迪看着伽利略那急不可待的样子，赶紧点了点头说："好吧"。

伽利略手里拿起两个铅块，同时拉到距垂直线40厘米的位置，然后同时放开手，两个人分别数了起来，结果两个铅块在相同时间内摆动的次数是一样的，各为100次，并且在相同的时间内到达同样的点上。然后，伽利略又拿起铅块，将一个拉到距垂直线40厘米的位置，另一个拉到距垂直线20厘米的位置，同时放开手，结果在一分钟时间内两个铅块都摆动了86次。

接着，伽利略又改变了一下实验。他想让铅块摆动的速度与他的脉搏跳动一样快。他知道自己的脉搏每分钟跳动70次，现在铅块是每分钟摆动86次，比他的脉搏快。他想："如果我把绳子放长一些，铅块也许会摆动得慢一点儿。"

他作了实验，证明他的想法是正确的。可是铅块又摆动得比他的脉搏慢了，这说明绳子太长了，他一再进行调整，最后，铅块摆动的速度终于和他的脉搏跳动的速度相同了：铅块每分钟也摆动72次。

实验一结束，伽利略兴奋地拥抱着他的教父，大喊："我们成功了！"

铁达迪茫然地望着这个欣喜若狂的年轻人。是啊，他哪里知道，伽利略受到教堂摆动的吊灯的启示，发现了摆动的等时性原理。

然而，伽利略的实验并没有到此为止，他要作进一步的实验来研究摆动的规律。于是，他到修理铺、金属匠、木工师傅那里，找来丝线、麻绳、铁链、铁片等物品，又设法搞到了成对的铁球、木球，做成各式各样、不同长度、不同重量的摆。为了使实验结果更准确，他又从朋友那儿借来一只沙钟计时。另外还准备了笔墨纸张，以便及时记录所获得的实验数据。随后，伽利略专心致志地做起实验来。

他使用若干个不同重量、不同摆幅的摆，在相同摆长的条件下，做各种摆动实验。实验结果表明：在相同摆长的条件下，无论摆幅和摆锤的重量怎样变化，其摆动一次所用的时间都是不变的。由此，伽利略得出结论："摆动的周期与摆的重量无关。"

接着，伽利略又做了大量的长度不同的摆的摆动实验，发现摆长不同，其摆动一次所用的时间也不同。摆的长度越大，摆动一次所有的时间就越长。反之，摆的长度越小，其摆动一次所用的时间则越短。那么，它们之间究竟是一个什么样的关系呢？这是伽利略下一步实验所要解决的问题。

伽利略一边实验，一边记录，一边计算，有时甚至连饭也顾不上吃。为了做一些绳子更长的实验，他不得不爬到院子里的大树上，将坠着摆的细绳吊在最高的树枝上。

经过反复实验，伽利略终于得出结论，发现了摆动的规律，即摆动的周期与摆锤的重量无关，只与摆的长度有关，摆动的周期与摆长的关系可用一个数学表达式加以表述。即摆动的周期与摆长的平方根成正比。因此，对于任何一个给定长度的摆，伽利略都可以准确无误地计算出摆从弧的一端运动到另一端所用的时间。他的惊人的科学发现，受到众人称赞，可他却谦虚地说："这里面并没有什么神秘的，任何一个人去做这个实验，都会得出同样的结果。"

摆动定律发现以后，伽利略想：到哪儿去发表自己的研究成果呢？他明白自己是没办法将研究成果公之于众的。因为那需要一大笔钱款。再说，也没有哪个书商愿意出版他这个默默无闻的年轻人的论文。考虑再三，伽利略打定主意，决定把他的研究成果转向应用方面。

伽利略发挥自己手工制作的专长，发明制作了一种简易的小仪器"脉搏计"。这个仪器的主要部分是一个小小的摆，利用这个仪器医生可以测定病人在1分钟内脉搏跳动的次数。

伽利略想，"这个仪器会有助于医生工作。"于是拿去给医生看。他向医生们详细介绍了仪器的原理和用法。

果真，医生用这个脉搏计可以快速而准确地测定出病人的脉搏，既方便，又实用，深受医生们的欢迎，伽利略精心制作了几种形式的脉搏计，卖给医生。

脉搏计的发明，使伽利略有机会向比萨大学的教授们讲述自己的发现和发明。他们都认真地听伽利略的讲述，但他们关注的不是摆动定律的发现，而是他那个新颖的、具有实用意义的发明——脉搏计。不过，伽利略倒是因此而出了名。比萨大学人人皆知有个名叫伽利略的年轻发明家。

伽利略还根据摆动的等时性原理，设计了第一台机械摆钟，画出设计图，还写了一份详细报告。后来因为被新的发现所吸引，伽利略未能把他设计的这种摆钟制造出来。但此后不久，荷兰著名物理学家惠更斯根据他的报告，设计制作出世界上第一座有摆时钟。从那时起，伽利略所发现的摆动定律即被用于摆钟的制作之中，近代钟表业亦由此发展起来。人们没有忘记伽利略的功绩，把有摆的时钟称为"伽利略钟"，以此铭记他在这方面的贡献。

伽利略通过吊灯摆动的启示，经过实验，发现了摆动定律，多少年来一直被传为佳话。因为伽利略的摆动实验，不仅揭示了摆动定律，还标志着实验科学的创始。实验科学的出现为近代自然科学的腾飞插上了翅膀，从而大大地促进了自然科学的发展。

脉搏计的应用，使伽利略闻名全校，成为比萨大学的新闻人物。不过人们对此看法不一，有人惊讶，有人不屑一顾，还有少数人将他视为异端。因为伽利略通过实验所证明的道理在亚里士多德的书中没有写。后来，校方对这个爱好做实验的、不安分的、专业成绩不大好的学生，拒绝发给毕业文凭，使伽利略成了人所共知的学医失败者。

没有得到毕业证，意味着他不能成为一名医生。这对于伽利略来说，根本算不了什么，他也不愿意去从事毫无兴趣的医学。他早已下定决心，要用他的毕生精力去从事他所钟爱的数学和物理学的研究和实验。他坚信他会成功的。他准备将来用巨大的成功回报父亲对他的殷切希望，来证明他的选择是正确的。可是想到父亲的嘱托，想起父亲那期待的目光，想起父亲为全家人日夜操劳而逐渐憔悴的面容时，伽利略的心情不免沉重起来。自己没能像父亲期望的那样成为一名医生，这对父亲的打击一定是很大的，回家怎么向老人家交代呢？

回首4年的大学生活，伽利略深有感触地说："我实在无法忍受做违背自己本意的事，即谎称自己对医学颇感兴趣，而埋藏自己的志向去实现父亲的意愿。结果到头来既不利于发挥自己的才干，也没有实现父亲的愿望"。他为此也付出了巨大的代价，成了一个没拿到医学毕业文凭的大学生。他真后悔当初草率的选择，并且一生都为此深感遗憾。

在逆境中

　　1585年，伽利略离开比萨大学，回到佛罗伦萨家中。这时他家正处在种种困难和矛盾之中。父亲的店铺生意很久以来一直不景气，全家8口人全靠父亲养活。几个儿女也都长大了，两个女儿已经到了出嫁的年龄，急需为她们准备嫁妆。二儿子表现出音乐才华，学习音乐需要一大笔钱。三儿子喜欢绘画，学绘画也需资不少。一家人的温饱更少不得用钱。为此，万桑佐长吁短叹，忧心忡忡，心情越来越坏，常常无端发火。伽利略的母亲同样地过着不顺心的日子，容易发怒，常常骂人。儿女们又时常争吵。这时，全家人寄予厚望的伽利略，又没有拿到毕业文凭。原指望他能成为一名医生，挣钱养家立业，这个希望也破灭了。万桑佐更是愁上加愁。

伽利略回到家里，把他在学校的情形如实告诉了父亲。并解释说，虽然不能成为医生，但他却爱上了数学。他打算继续学习数学，一定会有所成就的。听了伽利略的话，万桑佐极力控制着自己的愤怒与失望，决意不再送伽利略去学那些他认为无用的知识。于是他强压怒火，劝儿子说，你已经老大不小了，不要再整天沉迷于数学符号和几何图形的梦幻世界里了。家里现在的处境，哪还有钱送你去学习那些无用的知识。还是现实一些，帮我做生意吧。就这样，伽利略只好放弃继续求学的打算，到父亲的店铺里做了一个小伙计。

当了店铺伙计的伽利略，并没有因此而停止他对自然科学的探索。他克服重重困难，继续研究数学和物理学，继续进行各种实验。做生意也心不在焉，常常是身在店铺，心里却时刻都在数学和实验上。因此常遭到父母的斥责。

生活上的困难，事业上的挫折，一度使伽利略陷入痛苦和迷惘之中。在这段日子里，宫廷数学家里奇对逆境中的伽利略给予了极大帮助。里奇看到了这个不安心学医的青年心底蕴藏的创造潜力，经常鼓励这位潦倒的青年继续研究数学，并从中寻找乐趣和希望。他语重心长地对伽利略说："伽利略，你是一个很有才华的人。忍耐吧，总有一天你会受到别人尊重的。我时常向有学问的朋友提起你。我对他们说你是一位很有培养前途的青年。我和欧洲的数学家通信的时候，也时常提到你。知道你的人比你所想象的还要多。"

里奇四处发信，向各地的数学家朋友极力举荐这个不知名的小人物。他在信上说："这里有一个青年，我们应当重视他，他总有一天会干成大事业的。"

里奇还劝万桑佐说："不要粗暴地对待你儿子，他需要时间去思考。他的智慧是你所不能想象的。你要尊重他的选择。他一定能为你带来荣誉，佛罗伦萨也会由于有这个孩子而感到骄傲。"

万桑佐回答说："这些不过是希望，可是目前我就需要他的帮助。我那儿子呀，已经是二十岁的人了，可是他成天地和尺子、天平、水盆、金属、木块打交道，玩得没完没了，却不知道如何赚钱养活自己。"

的确，在伽利略的小房间里，摆满了各种各样的物件，他常常用它们来做实验。现在他的注意力又转向了物体在水中的重量这一课题。正在研究物体浸入水中时其重量变化规律。

实验中，伽利略像前人一样观察到：两个物体在同一时刻不能处于同一位置。当一物体浸入水中时，它就会排开它进入水中这部分体积相等的水。如果这个物体的体积是1立方米，当它完全浸入水中时便排开1立方米的水。同时这个物体在水中的重量要比它在空气中轻一些。它所失去的重量总是与它所排开的水的重量相等。伽利略熟读了阿基米德的著作，对阿基米德鉴别王冠的故事更是再熟悉不过了。阿基米德验证希洛王的新王冠是否足赤时，正是应用了上述规律。伽利略十分佩服阿基米德的才智。现在重做了类似阿基米德的实验，证实了这个原理的正确性之后，他还从实验中进一步发现，一定量的物体，具有相应的体积。例如1千克铁占据128立方厘米的空间，如果有一块未知的金属，把它在空气中和水中各称量一次，由它在水中所失去的重量，可以得到它排开水的重量，进而根据水的比重可求出它排开水的体积。再用它在空气中的重量去除所求得的体积即可计算出这种未知金属的"比重"，再由计算结果从前人制定的"比重表"中去判断它是哪一种金属。在此基础上，伽利略萌发一个想法：利用这个原理与杠杆原理相结合，制造一种能测定金属的仪器。

伽利略日夜地工作，这种仪器很快就问世了。伽利略把它制造得小巧玲珑，便于携带而又精确实用。他把这架小仪器称为"液体静力天平"。可惜的是液体静力天平的制造方法没能流传下来，实物和结构图都已散失。今天我们已无法弄清它是什么模样了，但从伽利略关于运动的论文可以看出，这台仪器主要利用了杠杆原理。

利用液体静力天平，可以很快测定金属的比重。人们对这台小仪器很感兴趣，经常有人出于好奇，不惜专程远道而来到他父亲的店铺，看他演示这个小发明。还有一些人带了一些金属物品请伽利略当场测定是什么金属制成的。店铺的生意也因此红火起来，伽利略的名声随着液体静力天平而传扬开去，由佛罗伦萨扩散到别的城市。很多人都知道万桑佐有一个十分聪明的儿子。

接着，伽利略又撰写了一篇极有价值的论文《论固体重心》。在文中论述道："每个物体都有重量，但是物体重量的中心并不一定在该物体的中间部分；如果物体的上部重于底部，物体很容易倒下，我们就说该物体的重心高了；如果物体的底部重，物体就不容易倒下，我们就说该物体的重心低。"他的精辟的论述具有重要的理论意义和实用价值，引起当时科学界的广泛关注。伽利略把他的论文寄给里奇，里奇把它转呈给大公过目。大公看后，非常喜欢，说："这个青年人很有才华。"

液体静力天平的发明和他的《论固体重心》论文的发表，使他欢欣鼓舞。同时这也为他日后走上比萨大学的讲坛，打下了基础。

25岁的大学教授

　　伽利略自从爱上数学那一天起，就梦想有朝一日，能像他的老师里奇那样成为一名数学教授。

　　离开大学以后的几年里，他在里奇的帮助和指导下，在数学的学习上又有了长足的进步。这时，伽利略想走上数学讲坛的愿望更加强烈了。一天，他对他的老师里奇说："如果我能在讲台上讲述数学和我个人的发现，该多好呀！一个人要怎样才能到大学里去当教授呢？"

　　里奇心里早已明白伽利略的愿望。他还多次向他在数学界的朋友们推荐他的这个得意门生。不过当时要取得大学教授职位谈何容易，仅有超群的才学是不行的，还必须有显赫的贵族或著名的科学家、政治家推荐。听了伽利略的话，里奇作了一番解释之后，又指点他说："你除具备任教授的才能外，还必须给有权的贵族、执政的显官和科学家写信，向他们介绍你的成就，使他们相信你是一个有学问的人，得到他们的帮助。"

于是，伽利略四处奔波，发信或亲访名人，请求他们给予关照。

首先对伽利略给予热情帮助的是吉杜巴多侯爵，他是一位很有科学才华的学者。他回信表示对伽利略发明的液体静力天平和他的《论固体重心》论文很感兴趣，对伽利略也十分赏识，答应帮助伽利略在比萨大学谋取一个数学教授的席位。可是这件事需要等待很长的时间，并要得到杜斯干大公爵的支持。因为比萨大学的教授都要由他出面聘请。

这年夏天，伽利略带着他的液体静力天平、里奇与吉杜巴多侯爵的推荐信到杜斯干大公爵的府邸请求接见，在受到多次"挡驾"之后，终于得见大公。大公耐心地听取了伽利略的叙述，虽然并无多大兴趣，但是最后还是答应考虑他的请求。

伽利略期待着杜斯干大公的答复，已经很长时间了，仍然杳无音信。伽利略渐渐有些忍耐不住了，又去请教里奇。里奇鼓励他去和科学家们当面谈谈，以便得到他们的支持。里奇的建议正中伽利略的下怀，他早就想去访问几所大学，结识一些科学界朋友。在得到父亲准许后，伽利略踏上了寻师访友的旅途。

伽利略不辞劳苦，从一个城市旅行到另一个城市，游历了一所又一所大学，得到了多位科学家的热情接待，结交了许多新朋友。更令他兴奋的是在与他们的交谈中，他发觉人们早已知道他的姓名，也了解他发明的脉搏计和液体静力天平，赞赏他的论文《论固体重心》。

他和科学家们很谈得来，甚至和他们中的一些人建立了很深的友谊。

1587年10月，伽利略回到佛罗伦萨家中，等待着大学聘书的到来。等着，等着，等来的却是他的良师益友里奇不幸离开了人世的噩耗。里奇是他的数学的启蒙老师，也是他一生中最难忘的朋友。是里奇领他走上了科学道路，多年来又是里奇给予他许多常人难以想象的无私帮助，使他走出逆境。对于里奇的不幸逝世，伽利略悲痛万分。

1589年夏季，25岁的伽利略终于如愿以偿，获得了比萨大学数学教授的职位。虽然当时人们还不重视数学，数学教授的薪水极为微薄，年薪只有60士库提（约合65美元）。但对于伽利略来说那并不重要，能够从事他心爱的事业才是头等重要的。何况这点薪水也能够养活他自己，他再也不用向他父亲伸手要钱了。伽利略终于在希望的道路上起步了。

伽利略满怀喜悦和自信，再度回到比萨城，回到他度过4年大学生活的比萨大学。

看得出来，比萨大学的教授们对于伽利略的到来并不十分热情。这不仅是因为他过去在比萨大学读书时的不光彩的名声，而且是因为他太年轻，仅仅25岁而又没有大学毕业文凭就同他们一样执鞭任教。

作为大学教授的伽利略，依然像他大学时代那样，敢想敢说，毫无顾忌，对有些问题仍持怀疑态度，尤其是对于亚里士多德的观点敢于怀疑。在学术问题上，他也不断地向那些不负责任的、不学无术的教授们提出问题，争论起来更是唇枪舌剑，常常争得面红耳赤，不欢而散。尤其是他那"锋利的舌头"、暴躁的脾气，弄得那些教授十分窘迫难堪。他们认为伽利略是个狂妄倨傲的后生，目无尊长，不堪共事。而伽利略对这些因循守旧的老教授们也看不惯，认为他们顽固不化，不讲道理。因此伽利略和同事们关系一度很紧张。对于他来说也树敌不少，他们总想伺机报复他。

另外，伽利略不合乎常规的生活方式，也常给自己带来不必要的麻烦。比萨大学有一条规定：教授不论在教室内或在街上，都必须穿长袍。伽利略就是不肯遵守这一条，他认为这条规定荒唐透顶。他坚持说穿长袍妨碍走路。不论身体上或思想上，他任何时候都要自由自在，这就不可避免违反校规。因此屡次被从他微薄的薪金中扣除罚金，并多次受到校方责怪。

作为一位教师，伽利略也不很称职。学生们也并不十分欢迎他。在讲坛上他总是显得咄咄逼人，对于资质迟钝的学生他缺乏耐心，常常看不起他们，不去引导启发，而是讥讽挖苦，出言刻薄，让他们当堂出丑。这些学生当然也不喜欢这个老师，他们有时在课堂上哄他，故意捣乱。有时甚至闹得课上不下去，课后他们还寻衅攻击他。但是那些思路敏捷的学生，却深得伽利略的喜爱。他们一起交谈，讨论问题，有时还一起做实验。

当时，大学里有一条不成文的规定，学生只要向某位教师支付一笔学费，就可以请他辅导自己学习。因此许多教师都通过辅导学生获得一笔相当数量的额外收入。可是由于数学在大学里没有得到足够的重视，很少有人请数学教授辅导。不过伽利略虽然很年轻，资历又浅，但是他的非凡才能却得到一些爱好科学，特别是爱好数学的学生的尊敬和信赖。他们都愿请伽利略做他们的辅导老师。不久，在伽利略的周围就聚集了一些勤奋好学、肯动脑筋的青年人，形成了一个以伽利略为核心的学习小组。伽利略在授课之余，为他们辅导课程，和他们一起讨论问题，还向他们讲述他的科学思想，介绍他的科学实验。因为这个学习小组的成员有来自英国、法国及意大利等各个国家的学生，他们毕业后返回各自的国家，积极传播伽利略的科学思想，从而扩大了伽利略在科学界的影响，也提高了他的知名度。

斜塔上的挑战

伽利略担任比萨大学数学教授，虽然忙于教授数学，但是比起以前来，他对实验工作也丝毫没有放松。他经常利用空闲时间做各种实验。他说他的目的是要用实验来重新检验一下亚里士多德有关科学的学说。伽利略主张，发现真理的道路，不是背诵亚里士多德的著作，而是要通过学习"大自然这本宝书"，要通过实验来检验。

伽利略到比萨大学任教不久，就以大无畏的精神，向当时居统治地位的亚里士多德的物理学原理挑战。亚里士多德有一个论点：不同重量的物体从同一高处下落的速度是不同的，其下落速度与物体的重量成正比。物体重量越大，下落就越快。千百年来，人们从来没有对这个论点怀疑过。可对此，伽利略在脑海里却画了个大大的问号。善于动脑筋的伽利略联想到他的摆动实验，摆不也是从高处落下的重物吗？从自己所作的多次实验看，同长度的摆无论摆锤的重量如何，它从同一高度落到最低点所用的时间却都是相同的。在自己实验的基础上，伽利略认为可能又是亚里士多德弄错了。他想，要解开这个谜，还必须通过实验来证明。

于是伽利略找来各种材料的物体来进行落体实验。伽利略首先站到桌子上，将两个不同重量的物体高举过头，然后同时放开，使重物同时自由落下，结果是距离相等，所用的时间也相等，二者同时落到地面。不过由于坠落距离太短，所用的时间也极短，所以沙钟很难将时间测准，比较起来也不够明显。他想，我需要在高处进行实验，让重物经过距离长一些，才好进行比较。而且需要有人帮助他来做这个实验。于是伽利略找来几个志同道合的学生，从各种高度进行落体实验，多次实验的结果表明：不管物体的重量大小，只要距离相等，其下落所用的时间也相等。为了进一步证实这一论点，伽利略对助手们说："假如我们到比萨最高的地方去做这个实验，是不是也会得出相同的结果呢？"大家一致赞同。于是他们爬到全城最高的比萨斜塔上去做了这个实验，所得的结论与先前实验的结论是一样的。至此，伽利略十分自信地断定，亚里士多德的论点是不正确的。他还根据实验结果提出自由落体运动的规律。即不同重量的物体从同一高处下落，只要所受空气阻力、风力等相同，那么速度是相同的，会同时落地。

伽利略向教授们指出了亚里士多德关于自由落体运动的论点是不正确的，并提出他的主张。可教授们并不接受他的观点，他们坚持认为亚里士多德肯定是不会错的，倒是伽利略这个初出茅庐的狂妄之徒，不知天高地厚。竟敢说亚里士多德错了，简直是在胡说八道。一位物理教授还怒不可遏地讥讽道："除了傻瓜外，没有人会相信一片羽毛同一颗炮弹能以同速度通过空间下降。"他声言要揭穿伽利略的荒唐，向伽利略提出挑战，企图使伽利略在众人面前当场出丑。

伽利略愉快地接受了这个挑战，并为这次"表演"而选定了比萨斜塔。

伽利略在校园里贴出了海报：邀请所有对落体运动感兴趣的人到比萨斜塔下去观看现场表演。

指定的日期到了，果然有许多人聚集在比萨斜塔下面。教授们穿着他们的紫色丝绒长袍站在斜塔前。许多学生和市民们则站在他们的后面。大家吵吵嚷嚷，议论纷纷。

伽利略走到前面，首先向现场观众说明了他和亚里士多德关于落体运动所持的不同观点。他举起两个大小不同的铁球，高声说："请看，这两个球的重量，一个是4.5千克，另一个是0.45千克，按照亚里士多德的观点，它们落下来的速度，重球应该是轻球的10倍。可是我认为，它们下降的速度应该是相等的。若从塔顶把它们同时投下来，两个铁球会同时着地。"这时人群中有人在嘘他，不时爆发出一阵阵嘲弄的哄笑声。伽利略毫不在意，继续说："你们马上就会看到，我同亚里士多德，究竟是谁说的对！"

伽利略讲完话，把两个铁球装在一个精致的匣子里。这个匣子是伽利略专门为这次实验精心制造的。只要按动一下匣子上面的按钮，匣子的底板即可自动打开，同时放出其中的两个铁球使之同时下落。伽利略把两个铁球装进匣子后，把匣子交给他的学生，他的学生带着这个匣子一步一步爬上斜塔顶层。

预定的时间到了，激动人心的时刻来到了，斜塔前鸦雀无声。人们的目光不约而同地向塔顶望去，只见塔顶那名学生轻轻按动一下匣子上的按钮，两个铁球同时下落，刹那间，似两道平行的闪电，在众目睽睽之下，同时触地。

当人们亲眼目睹重0.45千克和重4.5千克的铁球同时砰然落地时，都有些不敢相信自己的眼睛了。尤其是那些对亚里士多德的理论深信不疑的教授们，更是被实验结果惊得目瞪口呆，嘴里喃喃地说："不可能！不可能！怎么会是这样呢！"是啊，被人们盲目崇拜一千多年的信条，在几秒钟内竟像肥皂泡一样幻灭了。

伽利略原以为，实验的成功一定会引起人们对他的祝贺和欢呼。可是他想错了，当他控制着自己的兴奋转过身去看那些观众时，却惊异地发现他们只是呆呆地站在那里，没有一点儿惊喜的表情。伽利略不觉有些茫然了。在那思想极端僵化的年代中，有谁能相信这个敢于蔑视"圣人"的青年人会推翻人们已经信奉了一千多年的权威理论呢？即使有少数赞同者，也都敬而远之，不敢公开表示祝贺。因为他们不愿意被人看做是这个"叛逆者"的同伙。

在铁的事实面前，那些亚里士多德的忠实信徒们，不得不在众人面前承认伽利略的观点是正确的。

斜塔上的实验成功了。斜塔上的挑战也以伽利略的胜利宣告成功了。它向世人宣告，真理是来源于实践的。它动摇了千百年来人们深信不疑的权威理论，产生了极其重要而深远的影响。这次著名的实验在比萨大学、比萨城引起了巨大轰动，成了当天比萨城的头号新闻，并且很快传播开去，乃至震动整个欧洲。后人曾将此事编成动人的故事，传为千古佳话。

伽利略在实验中虽然赢得了胜利，但却得罪了"圣人"、"权威"及一些因循守旧的教授，触犯了宗教神学。因为亚里士多德的观念早已成为天主教思想体系的一部分，因此随之而来的是报复、非难与惩罚。学校克扣他的薪金，缩短他的聘期。他的对头则教唆一部分学生在伽利略讲课时喝倒彩、起哄，甚至设法寻找某种借口，企图把伽利略从比萨大学赶出去，以解心头之恨。

　　伽利略在比萨这段时期，大公爵时常邀请教授们到宫廷参加宴会，以此来炫耀他周围有一批文人。伽利略由于科学发明和实验而小有名气，当然也常在邀请之列。在一次宴会上，他见到了科西莫大公爵的私生子若奥瓦尼。这位公子自称发明了一种挖泥机，准备用于疏浚里窝诺港口。一天，他拿着这个机器的模型，征求伽利略的意见，希望得到伽利略的赞颂。伽利略仔细琢磨后，直率地告诉他机器设计不合理，几乎根本不能使用。伽利略不客气的指点，使这位贵公子大为不悦，也严重挫伤了他的自尊心。因此他对伽利略也怀恨在心，伺机报复。伽利略自知得罪了杜斯干宫廷，预感到校方不会再继续聘用他了。

　　果然，不久伽利略不再被邀请参加宫廷宴会了。凡是没有受到宫廷邀请的人，大学当局便明白此人业已失宠，而须将他辞退。于是学校当局以他不配担任教育下一代青年人的职务为理由，撤掉伽利略的职务，把他赶出了比萨大学的校门。

在帕多瓦大学

1591年，被比萨大学解除教授职务的伽利略，在比萨城无法立足，不得不沮丧地离开比萨，再次回到佛罗伦萨的家中。

伽利略被比萨大学逐出之前，他的父亲万桑佐因病去世了。在他父亲生命垂危之际，伽利略曾回家探望。万桑佐临死前，望着伽利略，握住他的手吃力地说："孩子，以后这个家就靠你了。"伽利略深深地点了点头，还没有来得及回答，父亲就安详地闭上了双眼，再也没有睁开。从此，作为长子的伽利略，背上了沉重的家庭负担。这是一个多么艰巨的重担啊！他的大妹妹维金妮娅即将出嫁，需要一份丰厚的嫁妆。未婚夫要求嫁妆齐备后才能完婚。二妹妹莉维亚也到了该出嫁的年龄，同样需要一份嫁妆。

二弟米舍朗吉罗此时正在学习音乐课程，需要一笔相当数量的学费。全家7口人的生活开销也不小。此外家里还有一笔债需要偿还。伽利略意识到了自己的处境和责任。

从父亲病逝到他离开比萨大学的这段时间里，伽利略还没有体会到沉重的家庭负担所带来的烦恼。可是失业回到家后，才真正体会到烦恼和忧愁的滋味。好不容易凑足了大妹妹的嫁妆，又为弟弟借了一大笔钱作学费。这时已是债台高筑。还有许多事情等着钱用呢！靠借债来维持家庭生活总不是长久之计。伽利略想：必须尽快找到一份收入丰厚的工作才行。

经过一番访察之后，伽利略了解到威尼斯的帕多瓦大学需要一位教数学和天文学的教授。可是这个大学是否会聘请他这个"声名狼藉"、被比萨大学解聘的青年教师呢？他写信给老朋友吉杜巴多侯爵，希望他给予帮助。很快他收到回信，侯爵在信中说：他很愿意帮忙，因为他器重伽利略的智慧和才干。他还让伽利略直接向帕多瓦大学提出申请，并邀请伽利略到他的封地佩萨奥去商讨办法。看了信，伽利略深受鼓舞，对于吉杜巴多的邀请感到格外高兴，决定立即前往。于是，伽利略卖掉父亲遗留下来的店铺，用一部分钱作旅费，其余都作家用。然后踏上前往佩萨奥的旅程。

吉杜巴多侯爵是一位德高望重的科学家。他热情接待了伽利略这位贫困潦倒的后生，并以上宾之礼隆重款待。他们变得十分投机。通过交谈，吉杜巴多更加了解这个青年人的才华和抱负，表示尽力帮助伽利略。他们一起商讨了谋取帕多瓦大学教授职位的方法。伽利略必须先行拜会几位有权势的人物，使他们相信他的才能。然后请他们向校方推荐。侯爵有许多朋友在威尼斯和帕多瓦大学，他分别给那些可能会对伽利略有帮助的人写了信，请他们予以关照。伽利略对侯爵大人的无私帮助感激之至，深表钦佩和谢意。侯爵坦然地对他说："我这样做并不是为了你，而是为了科学。但是我已经老了，而你才28岁。这些年来，你所做的工作表明你的可塑性很强。知道如果为你创造更好的机会，你会取得更多的成就。"听了这一番感人肺腑的话，伽利略双眼潮湿了，他暗下决心，一定要在科学上取得更大成就，不辜负老人的知遇之恩。他把吉杜巴多的这一番话深深铭刻在心里，一生都没有忘记。

1592年，28岁的伽利略，在吉杜巴多侯爵等人的帮助下，正式被聘任为帕多瓦大学的数学和天文学教授。这使伽利略无比兴奋，因为对于他来说，没有比帕多瓦大学更理想的地方了。薪水极为可观，年薪约200元，是他在比萨大学任教时的3倍多。更重要的是，当时的帕多瓦大学素以鼓励科学探索和自由思想而驰名欧洲大陆，被人们誉为"学者的天堂"。许多著名科学家都曾在该校任教。如近代解剖学奠基人维萨留斯、静脉瓣的发现者法布里休斯、哲学家扎巴瑞拉等。在数学方面，帕多瓦大学的实力在当时意大利诸大学中也是名列前茅的。帕多瓦大学环境优美，距威尼斯32千米。它的自由之风也得益于素有"亚德里亚海的珍珠"之称的著名水城威尼斯。这座城市具有优越的地理环境，因而成为当时欧洲的贸易和文化中心。尤其那时的威尼斯政府在政治与宗教方面表现出少有的开明与宽容。大学校园的学术自由也受到政府法律的保护。帕多瓦大学隶属威尼斯城，由威尼斯城的议会选出的三位董事管理学校。他们维护着学校的自由气氛，拒绝罗马天主教会对他们政治和宗教生活的干涉。大学当局也欢迎具有各种信仰的教授学者前来讲学，且不过分规定教学内容。对伽利略来说，在这里大可不必担心由于批判亚里士多德的不正确的学术观点而遭到讥讽和迫害了，可以放心地、大胆地进行他的科学研究和实验。这正是他多少年来梦寐以求的环境。

伽利略是幸运的，帕多瓦大学向他敞开了大门。帕多瓦大学教授的讲坛在等待他的到来。这预示着他的事业将上升到一个新的高度。成功在向他微笑。

1592年12月7日，伽利略在帕多瓦大学校长和几位教授陪伴下，去上第一课。此时的伽利略表现出从未有过的自信和坦然。在这以前，伽利略认真总结了在比萨大学任教三年中，自己的工作方法和接人待物方面的不妥之处，悟出其中的道理，下决心吸取经验教训，弃旧图新，在新的岗位上搞好工作，尽力取得大家的尊重。

伽利略信步走上讲坛，教室里座无虚席。他用拉丁语讲的第一次课是"几何学"。的确，帕多瓦大学的伽利略与以前比萨大学的伽利略相比，几乎判若两人。在比萨大学时他故意装出一副自负的神态，以掩饰他不稳定的心情。在帕多瓦大学他既充满自信，又克制了在比萨大学时的"傲慢"习气。在教学上他注意启发学生的兴趣，不时地引用自己在物理学方面的实验作为数学例题，严密而又生动。伽利略讲得起劲时，完全陶醉在几何学的奇妙之中。当他眉飞色舞，滔滔不绝地讲完第一课时，听得入迷的学生们对他的精彩演讲报以热烈的掌声。他的讲课一开始就获得了极大的成功。

伽利略丰富的知识和出色的演讲，吸引了帕多瓦大学的学生们，听课的人越来越多，小教室已容纳不下，只好调到一个大教室，后来又换了一个更大的教室。即使这样，还是无法容纳有增无减的听课学生。

随着伽利略的声誉日渐提高，帕多瓦大学的许多学生，尤其是那些外国的留学生们都十分仰慕他的才学，希望请他作为辅导老师，并以成为伽利略的学生而自豪，以能够向伽利略请教为荣耀。为了满足这些学生的求知欲望，当然也为了增加一些收入，伽利略租了一幢宽敞的房子，开设了一个"寄住宿舍"，招收一些学生，其中有意大利的，也有一些其他国家的留学生。伽利略为他们讲课、辅导，有时还和学生们同吃同住，利用就餐和工作闲暇，随时同他们讨论各种问题。伽利略在学校里讲授的是数学和天文学，而在寄住宿舍里辅导的主要是物理学的理论和实验。有时还和学生们一起做实验。他们取得了许多实验成果。有些成果伽利略还没有来得及汇编成书，就已由他的学生传播到欧洲各国去了。

伽利略的学生中，有许多来自国外的贵族子弟。因为当时各国之间战争频繁，这些贵族子弟的兴趣主要在军事工程上，于是伽利略又适时开始研究军事工程学。虽然他对这门课程并不熟悉，但凭着他在数学、物理学方面的基础，很快进入了角色。他将数学知识、力学实验同军事工程有机地联系起来，开设了数学计算力量，特别是武器射击力量，以及建设防御工事等方面的课程。在课堂上他生动地向学生讲授：怎样计算炮弹的轨迹，如何调整大炮的角度，如何布防等。从此，伽利略又以精通军事工程享有盛名了。各公国的王子也都争先恐后进入他的寄住宿舍，向他学习这门学问。

多才多艺的伽利略，生活也是丰富多彩的。忙里偷闲，他有时光顾一些娱乐场所，参加舞会、宴会、音乐会、诗歌朗诵会、嘉年华会、滑稽戏等活动。在音乐会上，他经常既是听众，又是演奏者。他弹得一手好琵琶。他甚至还创作了几出滑稽戏，而且亲自扮演过某些角色，表演惟妙惟肖，逗得大家捧腹大笑。这时的伽利略真是开心极了。

1597年，一直未婚的伽利略在威尼斯的一次舞会上，与一位名叫玛丽娜·甘芭的女子相识。玛丽娜的美貌与开朗的性格深深地吸引了他。同时，玛丽娜对伽利略的才学和声望也十分倾慕。他们很快坠入情网。伽利略感到与玛丽娜一起生活很幸福，他们很快就同居了。但是，伽利略不想正式结婚，也许是因为他觉得没有信心既做科学家又做好丈夫。伽利略在他开办的寄住宿舍附近为玛丽娜购置了一幢住房，将她安置在那里，工作闲暇时，就去她那里。他们一起度过了许多美好时光。后来，玛丽娜生了二女一子。可惜，10年后他们终因志趣不同而分手了。

工作、生活在帕多瓦大学，伽利略几乎百事顺遂。但也有时为难以应付的经济负担而烦恼。虽然他的薪水已不薄，他的课外辅导的收入也不少，可仍旧负债累累。因为佛罗伦萨一家人的生活需要他负担，购买实验用品和仪器也需要一大笔钱。这沉重的经济负担压在他身上着实不轻。尤其是他的家人和家乡的亲戚们，听说他在帕多瓦大学十分得意，都把他看成摇钱树，对他的勒索无休无止。他的弟弟想去波兰一家贵族门下工作，一定要伽利略为他准备去波兰的旅费和见面礼。这笔钱的数目比伽利略的年薪还要大，但伽利略还是借到了这笔钱给他的弟弟。接着，他的妹妹爱上了一个不名一文的青年无赖，非要伽利略为她办嫁妆不可。伽利略借到她提出这笔钱的三分之一数额，并答应过一些时候再把其余部分给她。可是妹妹刚结婚，妹夫就在法庭告了他一状，要求付清未付部分，他的家族对他的要求依然接踵而至。伽利略对这些要求也还是有求必应，以致不得不四处借债。纵然他的收入不断地增加，可他的债台却愈筑愈高。有一次，他不得不向大学财务处请求预支两年的薪金。许多朋友向他伸出援助之手，尤其是他的那些贵族朋友们。可是，伽利略向来不肯轻易花别人的钱。多次婉言谢绝朋友们的无私资助。

后来，伽利略发明了一种很有实用价值的小仪器，名为"比例规"。仪器小巧玲珑，方便适用，尤其是在军事上，可用来解决许多武器实战中的数学问题。许多人对这台仪器很欣赏，表示愿意出高价购买。于是伽利略雇用工匠在他的指导下制造了许多。为了方便用户使用伽利略的比例规，他还编写了仪器使用说明书，因而比例规十分畅销。这样伽利略也从中获得极为可观的收入，不仅可以还清债务，还有盈余，从而摆脱了困境，不必再为沉重的经济负担而烦恼了，他可以全身心地投入到他的研究工作中去。

伽利略在帕多瓦大学结交了许多朋友，其中不乏一些医生朋友。一天，他的医生朋友说："人生病时，他的血液温度通常会升高，可惜现在我们还无法测定它。"伽利略听了，心里想：如果发明一种能测定人体温度的仪器，那会对医生诊病有很大帮助的。为此伽利略通过实验研究，根据热胀冷缩原理，又发明了空气温度计。这种仪器的结构很简单，是一根玻璃管、一端开口，另一端有一小泡。然后将玻璃管注满带色的水，将其开口的一端立于水盆内的水而之下。这样在小泡内出现一个含有空气的空间。从而构成一个随空气温度变化而引起空间变化的小仪器。如果在小泡上稍微加热，便会使小泡内的空气受热而膨胀。受热愈大，其膨胀也愈大，占据的空间也越大，排出的水也越多。当热量散失后，泡内的空气因变冷而收缩，水又进入管子。因此根据管上刻度测出管中水的高度变化，可以方便地测定空气温度的变化，也可以用于测定病人体温。尽管它还很粗糙，也不够精确，却为后来的水银温度计的发明提供了启示。

伽利略在帕多瓦度过的18年，是他一生中最幸福的时光。也是他从事科学活动的黄金时期。这一阶段他在力学研究方面取得了辉煌成果，建立了自由落体运动定律，发现了惯性定律和抛射体运动规律，并确定伽利略相对性原理，创立了科学的实验方法，从而为动力学研究奠定了基础。也是在这一阶段，伽利略用自制的望远镜，发现了许多新天象，绘制出第一幅月面图，发现了木星的四个卫星及金星的位相，在天文学方面取得许多重大突破。伽利略一生中的大部分成果是在帕多瓦完成的。在他离开帕多瓦以后的岁月里，尤其是在他失意的时候，他始终深深地怀念着在帕多瓦度过的美好时光。

伽利略惯性原理

　　伽利略时代，人们都相信亚里士多德的说法：外力是物体产生并维持运动的原因。亚里士多德的著作中写道："推一个物体的力不再去推它时，原来运动的物体便归于静止。"亚里士多德在当时人们的心目中是仅次于上帝的人物。他说的话被奉为不可违背的真理。亚里士多德的信徒还举出许多实际例子来证明这一点。例如：马拉车，车才能动，马车继续前进是因为马不断向前拉它；一旦马不拉了，车也就停下来。可是敢于向传统观念挑战的伽利略，却不赞同亚里士多德的观点。他认为单凭直觉的推理方法是不可靠的，常常会导致错误。于是，伽利略在来到帕多瓦大学任教不久，就把他的研究方向转向动力学研究方面。

伽利略经过仔细研究和思考之后，尤其是联想到他从前的摆动实验，觉得研究力与运动的关系首先还得借助于实验。伽利略精心设计了他的新实验，并很快准备好实验所需物品。

伽利略将一个圆的金属球，放在光滑的平面上。球与面之间的摩擦力很小，可忽略不计。他用这个实验观察、分析小球的运动与力的关系。

当平面向下倾斜时，金属球在斜面上受重力作用，向下滚动，速度不断加快。斜面越陡，滚动速度越快。当斜面倾斜90°时，金属球则垂直跌落，与自由落体相同。

当平面向上倾斜时，金属球则不能自动向上滚动。当用力推它一下时，它可以向上运动一段距离，速度不断减慢，直至停止，然后又反向向下滚动。它向上滚动距离的长短，取决于推力的大小。

当平面既不向下倾斜，也不向上倾斜，处于水平状态时，把金属球放在平面上，它总保持静止状态。当用手把它朝某个方向推一下时，它就朝那个方向以恒定的速度运动下去。可以想象，若是这个平面是无限的，那么它将在平面上无休止地运动下去。

通过上述实验，伽利略指出：金属球沿斜面向下运动的加速和向上运动的减速，是由于重力作用于它。当它处于平面上时，由于重力作用消除，因此它一旦获得某一速度之后，它将以恒速运动下去。这说明维持这个运动不需要任何外力了。

伽利略又做了另一个实验来论证上述论点。他把两个斜面相向放在一起，让金属球从一个斜面自由滚落，它能够滚上另一个斜面，并达到同样的高度（球与面之间的摩擦力极小，可忽略不计），但是不能超过。并且它在另一个斜面上的上升高度与斜面的倾斜度无关。如果第二个斜面的坡度减小，那么金属球上升到相应高度的距离会长些。如果第二个斜面坡度很陡时，金属球上升到相应高度的距离就减少了。同理，如果它坡度为0时，金属球便永远也达不到起始高度。它将沿平面无休止地运动下去。

通过上述实验研究，伽利略发现：物体只要不受外力作用，它就会保持其原有的静止或运动状态。伽利略对惯性运动这一规律的发现是在牛顿之前对经典力学第一定律的最初发现。人们称之为"伽利略惯性理论"。

按照伽利略惯性理论，马车前进时，一旦马不拉它，它是不会即刻停下来的，而是要向前再冲一段距离。类似现象，伽利略在他的书中也有很生动的描述："当带着石头快速运动的东西撞到一个固定的物上时，石头一定会猛烈向前冲去。这和我们日常在一条快速行驶的船上看到的现象是一致的：当船搁浅或触到什么障碍物时，船上所有的人都会出其不意地突然向船头跌去。如果地球碰上什么障碍物使它的自转突然停止的话，我相信这时不但野兽、建筑、城市，而且大山、湖泊、海洋都会翻倒过来。"

就这样，伽利略形成了与亚里士多德不同的结论：物体的运动并不需要外力来维持，只有运动的变化才是外力作用的结果。伽利略这一重大发现，不仅纠正了亚里士多德的错误理论，而且奠定了力学研究的基础。后来由牛顿把它总结成第一运动定律。近代著名科学家爱因斯坦高度评价伽利略这一工作，他说："伽利略的发现以及他所应用的科学推理方法，是人类思想史上最伟大的成就之一，标志着物理学的真正开端。"

著名的斜面实验

伽利略通过比萨斜塔上的重物落体实验，击败了他的对手，否定了亚里士多德的"物理下落速度与重量成正比"的论点。但他对落体运动的研究却没有到此为止。因为他在落体实验中观测到，自由落体运动是越落越快的，他觉得落体的下落速度、距离和时间之间好像存在某种规律性的关系。那么它们之间究竟是一种什么关系呢？这就是他下一步所要研究的，他要把这种关系用数学表达式表示出来。多年来他仔细地从理论和实验两方面进行了探索和研究，一直苦苦地思索这个问题。

经过冥思苦想，他终于想出了一个好办法。

他首先设想自由落体运动是匀加速运动。所谓匀加速运动，伽利略把它定义为：从静止开始，在任何相等的时间内速度的增加量都相等的运动。这在当时是具有开创性的。因为当时人们总认为落体从静止开始是"一下子"就获得很大速度的。

为了求证自由下落的距离和时间的关系，伽利略首先证明了定理 I：一个从静止开始做匀速运动的物体，经过一段距离所用的时间和此物体匀速地通过同样的距离所用的时间相同。只要这匀速运动的速度等于加速运动的初速和末速的平均值。

伽利略十分巧妙地证明了这一定理。他的想法是：在匀加速运动中，速度在不断增大，每时每刻都有不同的速度，为了表示速度变化情况，他画了一个三角形，设物体从 C 点出发到达 D 点，通过这段距离所有的时间用线段 AB 表示，作垂直于 AB 的线段：EB 表示这段时间内的末速度。作直线 AE，那么所有从 AB 上等距离的点引出的平行于 BE 的而终止到 AE 上的线段表示相隔相等时间的速度数值。这些速度数值是和时间成正比的。要把各时刻的速度都表示出来，就要从 AB 线上各点引出无数条平行线到 AE 线上终止。这样三角形 AEB 的面积就可代表在 AB 这段时间内通过距离 CD 时所有速度的总和。

取 EB 的中点 F，引直线 FG 平等于 BA，GA 平行于 FB，

由此形成一矩形*AGFB*。从*AB*上各点引平等于*BF*的直线到*FG*线终止，这些平行将表示一个匀速运动的速度，它等于匀加速运动的初速和末速度的平均值。那么矩形*AGFB*的面积将代表这段时间内匀速运动中所有的速度的总和。由于三角形*AEB*和矩形*AGFB*的面积相等，因此这两个运动在同一时间内的速度总和是相等的。也就是它们所经过的路程相等了。伽利略如此巧妙地把物理现象用数学方法形象地表示出来，可谓独具匠心，证明结论是可信的。

在定理Ⅰ的基础上，伽利略又用类似的方法证明了定理Ⅱ：由静止下落做匀加速运动的物体所经过的距离和时间的平方成正比。

从伽利略的速度随时间变化的概念引出了一个很重要的物理量——加速度。加速度等于单位时间内速度的增加量，以Δ*v*表示在Δ*t*时间内速度的增加量，则加速度*a*为：

$$a = \frac{\Delta v}{\Delta t}$$

那么对一个初速为0，加速度为*a*的匀加速运动，经过一段时间t，它的速度（v_t）为：

$$v_t = at$$

（如图中斜线*AE*上各点）

在这段时间内物体的平均速度（$\bar{v}$）为：

$$\overline{v} = \frac{vt}{2} = \frac{1}{2}at$$

（如图中线段*BF*上各点）

用上述平均速度求得时间*t*内物体走过的距离（*S*）为：

$$S = \overline{u}t = \frac{1}{2}at^2$$

（如图中矩形*AGFB*的面积）

同样匀速运动在时间*t*内走过的距离为：

$$S = \frac{1}{2}at^2$$

（图中三角形*ABE*的面积）

对于自由落体运动，它也是一种匀加速运动。由于各种物体自由下落的加速度都相同，这一加速度叫做自由落体加速度，用**g**表示，其在时间t内下落的高度（*h*）的数学表达式即为：

$$h = \frac{1}{2}gt^2$$

上式表明自由落体运动下落的距离和时间的平方成正比。

伽利略从理论上得出上述结论后，就要用实验来验证它们是否与实际的自然现象一致。

伽利略准备进行一番详细的测量，可是这种测量很难办到。当时没有准确的计时装置，而且物体下落过快，难以进行定量测量。伽利略就设计了"冲淡重力"的斜面实验。即利用物体沿斜面下降的现象来研究，然后再把结论推广到斜面倾角达到90°的情形，也就是物体竖直下落的情形了。这就是著名的伽利略斜面实验。

伽利略在一块长6米、宽4厘米、厚约25—30厘米的木板上，刻一条宽约1厘米的凹形槽。槽面打磨得十分光滑，使其对小球滚动时所产生的摩擦力几乎可以忽略不计。这样，这块挖有凹槽的木板就成了一个受控斜面。然后，伽利略让一个金属小球在木板处于不同的角度下沿槽面滚下。这样小球滚过斜面的时间能够较准确地测量出来了。

实验过程中，斜面角度愈缓，小球滚动愈缓慢。这样他可以随心所欲地测量出被不同程度延缓了的落体运动。测量出小球下滚的时间与距离之间的关系——经过1,2,3,4……秒后，它滚动的距离之比为1，4，9，16……——从而得出落体通过的路程与其降落时间的平方成正比的定量规律。

经过上百次反复实验，而且不论斜面倾斜角度怎样，这一结论都是正确的。当斜面倾角为90°时，即是自由落体情况。

在实验中，伽利略为了准确测定时间，用了一个大水桶，并把它架在高处。在桶底安一个小管使水从中流出，在每次小球滚下的时间内都用一个小杯子接下流出的水。然后用秤准确地称出杯中水的重量的差别，就得出了各次小球滚下所用的时间的差别。

这样，伽利略十分巧妙地通过实验得出了自由落体运动定律。这样的实验现在看来也很不简单，在当时更称得上是第一流的科学研究工作。

可以看出，伽利略在研究落体运动过程中，的确表现出了极其卓越的才能和智慧。他的自由落体运动定律，是把数学公式用于描述物理学规律的第一次成功的尝试，从而开创了近代科学数学化的时代。

抛射体运动的研究

　　在研究惯性运动和落体运动并发现惯性原理和自由落体定律的基础上，伽利略又对力学家们普遍关心的抛射体运动进行了研究。

　　在伽利略以前，人们普遍有一种糊涂观念，认为抛射体，如炮弹，在发射后是沿直线运动的，等到推力耗尽后，即垂直坠落下来。伽利略发现这与实际现象不一致。伽利略曾到威尼斯参观过兵工厂，并参观过他们的枪炮射击表演。于是，伽利略运用他所擅长的实验方法和数学方法，对抛射体运动进行了研究。

　　首先，伽利略对抛射体运动进行了实验研究。伽利略做了这样一个实验：当一个从倾斜面上滚动到平滑的桌面上的小球，在桌面边缘坠落时，由于小球在斜面上已经获得了一定的初速度，当它坠落时，并不是垂直下落，而是呈半抛物线下落。为什么会这样呢？对于上述现象，伽利略把他所发现的惯性原理和自由落体定律结合在一起进行了分析研究。当小球从桌边落下时，它在半抛物线上的任何一点，都受到垂直下落的引力的作用。由于重力的作用，小球在每一点上也同时具有两种运动：一种是水平的匀速运动，另一种是引力作用下的竖直方向上的落体运动。这两种互不干涉的运动合成的结果，决定了它的轨迹必然是一条抛物线。并对此进行了证明。

随后，伽利略在此基础上，对各种抛射体进行了深入研究，得出抛射体运动的规律：抛射体的运动轨迹是抛物线。一个抛射体在抛物线上任何一点的速度的平方等于两个分运动在该点的速度的平方之和。

伽利略很快将上述规律应用于实践中。对于火炮来说，炮弹运动的轨迹是一条全抛物线。在全抛物线上，抛射体在45°仰角时，它的射程最远。因为在这一角度时，两种速度的合成才具有最大值。从而在理论上揭开了大炮仰角为45°时射程最远之谜。伽利略把他的研究成果应用于军事工程学中，受到普遍的欢迎。同时为军事上非常重要的弹道学奠定了科学基础。

伽利略关于力学研究所取得的一系列成果，是对科学的杰出贡献。他的这些成就已经接近后来由牛顿以更加明确的形式做出的结论，从而为牛顿力学的完成奠定了基础。因此有人称他为被牛顿踏在肩上的力学巨人。伽利略的贡献不仅在于他为力学建立了一系列基本概念和基本定律，而且还在于他把实验方法、分析方法和数学方法综合地运用于力学研究。如在研究惯性运动、落体运动和抛物运动时，伽利略在进行实验研究的同时，始终坚持对实验进行数学分析。惯性原理的发现、自由落体定律的发现、抛物运动规律的发现，都是他把数学分析引入实验研究的结果。因此伽利略是在近代力学中全面引进实验方法的开拓者，同时也是在近代力学中全面引进数学方法的奠基人。在科学方法论方面为近代自然科学开创了一个新的时代，深刻地影响了他同时代和后代的科学家们，成为其后几百年科学发展的基本方法，也使他本人当之无愧地成为近代科学方法论的真正奠基者。因此，17世纪著名英国唯物主义哲学家霍布斯称誉伽利略"第一个给我们打开了通向整个物理学领域的大门"。

第一台天文望远镜

伽利略的一系列关于力学运动学方面的研究成果，使帕多瓦大学的师生为之震动。他赢得了更高的声誉。他无可争议地进入了声誉卓著的科学家之列。更为荣耀的是他有幸成为科西莫王子的老师。

1605年夏季，伽利略在佛罗伦萨的美第奇夏宫度过了为期六周的暑期教学生活。在与科西莫王子的接触中，伽利略发现这位年仅15岁的王子是一个非常聪明好学的少年，对他很有好感。同时，科西莫王子对伽利略这位年轻的教授也十分敬重，虽然相处的时间不长，但他们却结下极其深厚的友谊，成了莫逆之交。

从佛罗伦萨回到帕多瓦后，伽利略准备把他的研究成果认真总结一下，以便撰写成书，使自己的研究成果尽快为人们了解，并应用到实践中去。可是繁忙的工作、辅导、实验及生活琐事，占用了他的全部时间。这时他的情人玛丽娜已先后生了二女一子。大女儿维金妮娅，二女儿梨维亚和小儿子万桑佐（伽利略为纪念父亲为他的儿子取名万桑佐）。伽利略非常喜欢他的儿女。家庭生活给他带来了幸福和欢乐，但也占用了他的一部分宝贵的时间。为了集中时间和精力完成他的写作计划，伽利略很少回家，不免引起玛丽娜的不满。另外打算关闭他的寄住宿舍，当然这也是迫不得已的事儿。因为他太希望有更多的时间专心从事写作。可是在帕多瓦大学是不行的，他必须花大量时间教学。这是他的职责，是很难得的。伽利略想，若是能成为宫廷教授就好了，薪水很高，又没有过多的教学工作。

1609年2月，杜斯干大公爵逝世了，他的儿子科西莫王子在佛罗伦萨即位，成为佛罗伦萨的新统治者。19岁的科西莫王子既是伽利略的朋友，又是他的学生。他的即位无疑给伽利略带来了新的机会。

1609年春夏之交，发生了几件事使伽利略的兴趣转移到天文这方面，并数年不减。

1609年，德国天文学家开普勒的《新天文学》在科学界引起强烈反响。也激起了伽利略对天文学的兴趣。他与开普勒已有多年书信往来，虽然未曾谋面，但神交已久。他们都赞同哥白尼的学说，共同的志趣使他们成了好朋友。开普勒写信告诉伽利略说，他研究哥白尼学说愈深入，就愈相信它是真理。伽利略回信说，他也这样认为，并准备寻找有力证据支持这个学说。

同年6月的一天，伽利略得知一位名叫利库希的荷兰人发明了一种奇妙的"窥探镜"。用它观察远处的物体时，就好像近在眼前，而且看得很清楚。几天以后，伽利略又收到他从前的学生从巴黎寄来的信，告诉伽利略同样的消息。这位法国学生说；他不知道这台仪器是怎样一种结构，但是他亲眼看见它能将远处的物体放大。显然，这引起了伽利略的极大兴趣，刺激了他的创造激情。

于是，伽利略开始亲自制造一台。经过认真研究，伽利略推测那台仪器大概是由两个透镜组成，其中一个是凸透镜，另一个为凹透镜，他用两个透镜试验了一下，果然如此。伽利略抑制不住自己的兴奋，立即拿出笔墨，在纸上设计起来。到第二天黎明时分，终于完成了初步设计，找到了制造"窥探镜"的基本方法。

接着，伽利略找来管子、光学玻璃等材料，磨制了一块凸透镜、一块凹透镜。然后用一根金属管子将两块透镜安装在一定的距离上。为了能够方便地调整两个透镜之间的距离，以便观察远近不同的物体，以及不同视力观察者的需要，伽利略巧妙地设计了一粗一细的两根能相套的空管，用来调节焦距。就这样，伽利略设计制造出了一架独特的"窥探镜"。

当"窥探镜"制造成功后，伽利略把它拿起来，瞄准窗外的一棵树，调整好焦距，他惊呆了——呵，眼前是一些巴掌大的树叶，上面的叶脉像手上指纹一样清清楚楚。叶面还有虫子留下的斑迹！这棵距离很远的大树，好像伸手就可以摸到。伽利略很快计算出来，这台仪器使物体比肉眼看到的近3倍、大9倍。但这还远远没有达到他的要求，他要继续改进，制造出更好的，效率更高的仪器来。

整个夏天，伽利略完全沉浸在"窥探镜"的设计、计算、绘图、琢磨透镜、安装仪器工作中。他检查了各种类型镜片的曲率，以及它们彼此的各种组合方式，用准确的数学公式测量出不同曲率和不同组合所引起的视觉上的效果。功夫不负苦心人，经过不懈的努力，伽利略终于创造出来一架可以放大60倍的"窥探镜"。

8月下旬，伽利略带着这架仪器来到威尼斯，朋友们争先恐后去拜访他，想亲眼见识一下他那个新发明。伽利略和朋友们攀上威尼斯钟楼的楼顶，摆好仪器，让朋友们一个一个透过"窥探镜"看出去。当他们从镜筒里看到远处的东西又大又近，好像近在咫尺时，全都惊喜地叫起来！他们看见了远方山上吃草的牛羊；远方城镇的教民们在教堂中出出进进。有一个细心的朋友还看见了远处进港的船只，可是直到两个小时以后这条船才进港。朋友们赞叹道："这真是件宝贝！"当时人们还不知该怎么称呼这台仪器，直到两年后它才被正式命名为"望远镜"。这个名词一直被沿用至今。

听说伽利略发明了望远望，许多人希望购买，订货单源源而来，使伽利略应接不暇。有人建议伽利略制造一架望远镜送给威尼斯大公。伽利略接受了这个建议。他专门制造了一架精致的望远镜，献给威尼斯大公。表示对他的敬意，并答谢威尼斯共和国对他的一贯支持。年迈的大公对此大加赞赏，立即召集他的官员们参观这件珍贵礼物，并提出要给伽利略丰厚的酬劳和荣誉。果然，不久伽利略接到通知，他被聘为帕多瓦大学终身教授，薪水增加了一倍。伽利略此时可谓达到了名利双收的巅峰。

如今，伽利略最初制作的两架望远镜，还保存在意大利佛罗伦萨博物馆里，其中一架直径为4.4厘米，长1.2米，能放大33倍。

1609年12月1日，伽利略经过反复琢磨，又制作了一台放大倍数更高的望远镜。这一回他将镜筒对准了神秘无垠的太空。他发现了人类从未看到过的天象。伽利略的这一划时代的行动成为天文学发展的时程碑，从此科学获得了研究星空世界的强有力的工具，人类天文学史也从此揭开了新的一页。

伽利略的志趣也从此转移到天文学研究上。

第一幅月面图

　　伽利略研究制造出新的望远镜后，第一次把它对准夜晚的天空时，他看到了一个神奇的星空世界。茫茫无垠的、黑沉沉的天穹上嵌满无数的星星，有一些是人们用肉眼能看得见的，有些则是人们用肉眼根本无法看见的。在七姐妹星团（昴星团）的附近，伽利略又发现了40多颗小星星。在明亮的猎户星座里，猎人腰带上的三星，剑上的六星是人们所熟悉的。在这九颗星附近，伽利略发现还有80余颗人们没有看见的小星。伽利略一边观察，一边仔细描绘这些星星的相对位置。他深信，这是他一生中最有意义的发现。

　　1609年末的一天黄昏，伽利略又用他的望远镜观察月亮。以往人们都认为月亮是一个光滑的球体，表面像镜面一样光滑明亮。自然哲学家说过，完美的天体应呈现完美的球形。伽利略也曾相信过，并且对他的学生说过，月亮是一个像圆规绘出的正圆一样的光滑的球体。然而，当他从望远镜里观察月亮时，竟使他大吃一惊！他看到的月球表面完全不是他原来想象的那样，而是高低不平，既有陡起的山脉，也有低洼的平原，还有许多环形山。这太出乎意料了！这一切和地面的结构多么相似！伽利略又惊又喜。他想，由此看来，"天上"和"人间"原来是同样的世界。绝非亚里士多德所说的那样"天地有别"。

伽利略根据观察到的月球表面山脉的阴影的变化，估算出有的山峰高达6000米，并把月球上的两条最大的山脉分别命名为"阿尔卑斯"山脉和"亚平宁"山脉（以他祖国意大利境内的两个主要山脉名称来命名）。

伽利略还看到月球表面有些面积较大、颜色较深的地方并没有阴影的变化，这现象犹如人们从高山上眺望海洋一样。他猜测这些区域可能是月球上的海。当然，人类登月科学考察证明，伽利略的这个推测是不对的，事实上这些区域并不是海，而是月面上的大平原。

伽利略又细致地观察了月面上的明暗斑纹，发现这些斑纹的亮度是随着月亮的升高而变化着。这使他联想起地面上的相似的现象，当太阳在早上升起的时候，山顶比山坡先受到日光照射，但背着太阳的一面和它下边的山谷却处在阴影之中。当太阳逐渐升高的时候，这些阴影也逐渐移动。而午后太阳西沉，照着山的另一面，山谷又落到阴影里去。这不正好说明月球也和地球一样，接收太阳光并且又把它反射给地球吗？那么，月球应是一个不发光的天体。也就是说人们以往相信月亮是一个发出清辉的球体的说法是错的。

伽利略又把他观察到的月球的情景及他对这些现象的分析计算结果绘制在图纸上，这就是人类历史上第一幅月面图。在月面图上，伽利略形象地表示出月面的结构和月面形态，并以其卓越才能，根据他每晚所观察到的月面山脉阴影的变化，创造性地测量出它们的高度，并表示在月面图上。

第一幅月面图的问世，是天文学史上一个重要事件，它标志着人类对月球的认识从此进入了一个新阶段。也标志着人类真正认识月球的开始，是人类研究月球的最有价值的资料。

伽利略卫星

  伽利略自从制造出望远镜以来，他一心扑在改进望远镜和天文观测上。常常是白天研究改进望远镜，晚上对着天空观测天象。因此很少时间回到玛丽娜和他的孩子们中间。更没有时间与他们闲谈，因此常引起玛丽娜的不快。玛丽娜希望过普通人的生活，而伽利略满足不了她的要求，于是玛丽娜决定离开伽利略，嫁给威尼斯的一位她早年的男友。他们之间没有争吵，心平气和地达成分手协议。女儿维金妮娅和梨维亚随伽利略与他在佛罗伦萨的家人住在一起，儿子万桑佐当时太小，暂由玛丽娜抚养，生活费用由伽利略负担，长大后再作安排。于是，这个形式上的家庭和平地解体了。伽利略或许感到轻松，或许感到孤独。但是，可以肯定，再没有什么烦恼干扰这位天文学家的夜晚了。

1609年冬季的一天晚上，伽利略将他新研制的望远镜对着他追索的新目标——银河望去。他发现横贯长空的银色光带，原来并不是人们以为的"云带"，而是由亿万颗星星组成的。接着他将望远镜对准被称为"星云"的薄雾状天体。奇怪，薄雾不见了！"星云"变成了一簇簇明灭闪烁的群星。伽利略明白了，这些星星离我们太遥远，比太阳还要远好多倍，以至于它们的光线到达地球上时已十分微弱了。因此，人们看去好像一团发光的云雾。毫无疑问，银河和大大小小的星云，都是由无数恒星组成的。这无可辩驳地证明布鲁诺预言的正确：宇宙是无限大的。

1610年1月7日，这个日子将永载史册。当伽利略将望远镜对准木星时，发现木星附近有3颗小星，两颗在左，一颗在右，呈直线排列。这令他大为惊讶。因为他记得前一夜的观察中这三颗星都在木星左边的一条直线上。

这个现象引起了伽利略的兴趣，他想，为什么其中一颗星星会改变位置呢？莫非是这些小星之中有一个是"游星"？或是木星本身改变了位置？他下决心弄清这些小星星与木星的关系。第二天晚上，伽利略再进行观察时，发现这三颗小星又改变了位置，它们都跑到木星右边去了。

伽利略感到无比的惊奇。按照木星运行的轨道，它不应该向左边走。可是，现在它却在这三颗星的左边了！也许不是木星向左行，而是由于三颗星向右边运动了。伽利略继续观察，又一个夜晚，只出现了两颗小星，并列排在木星左侧。

第三颗星哪里去了？伽利略猜测这颗小星可能在木星的背后，被木星挡住了。

1月13日夜，伽利略又观察到木星周围共有4颗小星，排列位置是：一颗在木星左边，3颗在木星右边。

伽利略继续观测了一段时间，根据观测结果，他断定这四个小天体是在绕木星运转。正像月球围绕地球运行一样。并且木星在天空运行时，它们也随其一起运行。伽利略的这一发现传到了大天文学家开普勒那里，开普勒把这4个小天体称作"卫星"。为了纪念伽利略的贡献，天文学上称之为"伽利略卫星"。直到今天这4个小天体仍统称为"伽利略卫星"。据史书记载，伽利略卫星是行星系统中第一批被发现的新天体。

看到木星的四个卫星环绕木星运行的情景，伽利略不禁发出慨叹：这幅图景多么像一个小型的太阳系呀！它恰恰说明地球也是这样带着它的卫星月球绕着太阳运行的。他为哥白尼学说找到了直接的实验证据。

伽利略按捺不住心头的喜悦，他要尽快向世界宣布他的发现。1610年，伽利略用拉丁文写成《星际使者》一书在威尼斯出版。书中宣布了木星的4个卫星及其他科学发现。伽利略的科学新发现震撼了全世界。

为了表示对科西莫大公的敬意，也为了早日实现他成为宫廷教授的愿望，伽利略将他发现的4颗木星的卫星，命名为"梅迪西斯星"（梅迪西斯是科西莫大公家族的姓氏）。他还在《星际使者》一书的扉页上题词，"呈献给杜斯干第四大公爵科西莫二世殿下"。下面附有一段说明："人们为伟人塑像或用伟人的名字来命名建筑物以表敬意，我将以大公家族的名字命名4颗星星。时间会毁坏建筑和塑像，而星星却永远在天空中闪耀。"伽利略又将这本书和一架望远镜一起送往佛罗伦萨，赠给科西莫大公。

宫廷教授

　　《星际使者》的出版，在欧洲大陆引起轰动。人们争相购买伽利略所著的《星际使者》，希望从中获得天文学上的新知识。初版的500册书很快被好奇的读者抢购一空。还有更多的人急切地想得到这本书！

　　1610年间，通讯和发行手段还很落后。但是寄往帕多瓦的邮包里总有一些向伽利略购书的订单。还有一些冒着风雨远道而来的购书者。三个月内收到从欧洲各地寄来的订单已远远超过初版的数目。为此，威尼斯印刷厂决定再版。德国天文学家开普勒对这本书予以极高的评价，并致函伽利略，请求许可他在弗兰克堡翻印这本书。《星际使者》成了当时最畅销的一本书。

求购伽利略制造的望远镜的人络绎不绝。为了保证仪器的质量和信誉，也为了人们更好地观测天象，伽利略不肯把磨制镜片这道细致而又精度要求高的工作交给他人去做，所以他忙得不可开交。尽管他夜以继日地工作，产品仍然供不应求。望远镜一经制成就立即被人购去。

伽利略的发现更是使整个大学校园轰动了。为了满足大家的要求，伽利略专门就月球和木星卫星的新发现在学校作了3次演讲。听众场场爆满。有些听众专程从外地赶来，亲耳聆听他的演讲，更想亲眼见见这位驰名的发明家。

一些人因为听了伽利略的演讲，又亲自使用望远镜观测了天空，所以非常信服伽利略的发现，支持他的新见解，甘愿做他的信徒。曾以《新天文学》给伽利略带来启示的开普勒，最先从德国来信，以自己的观测结果支持伽利略的新发现。但也有一些持保守观点的人，不肯承认这一切。有人拒绝用望远镜观测，有人虽然从望远镜中看到了月球表面的山峰、谷地，却矢口否认月球表面是凸凹不平的。还有人怀疑，他们看到的景象不是来自天上，而是来自透镜的幻象或眼睛的错觉。

1610年5月，伽利略回到帕多瓦大学。他写了一封长信给万塔首相，表示他非常愿意为杜斯干宫廷服务，信中写道："我在安排我将来的事业上，我决定将全部精力用来我曾研究过的课题，我希望在进一步的深入研究中得到更有价值的成就。虽然我在大学里已经有了稳定的收入，而且从私人教授和招收寄宿生中也得到可观的收入。可是教学、管理和讨论等活动对于我的研究工作却成了很大障碍。我渴望摆脱这些障碍。如果我能够转回家乡，我请求大公爵殿下允许我不再承担教学任务，以便让我有充裕的时间，完成我的研究工作。"他在信中还说："我并非不愿把知识传授于人。如果我能完成我的著作，那么我所教的对象将是普天下的人，而不是课堂上的少数学生。"

在等候对方答复期间，伽利略用进一步改进的望远镜观察了土星。土星是天空中所能见到的最美丽的天体。他看到了土星匀称而美丽的光环，并把观测到的土星描绘下来。但土星的光环令伽利略迷惑不解，当时土星正值要闭合时，看上去呈橄榄状。伽利略误认为是土星的两边附有小卫星。但是伽利略猜想错了，土星之谜直到46年之后才被荷兰科学家惠更斯揭开。他经过详细观察研究，确认了土星光环的存在。

1610年7月，伽利略期待已久的科西莫大公的聘书终于来了，聘他担任宫廷数学与哲学教授并兼任比萨大学教授。他的薪金与帕多瓦大学所支付给他的相同。在这里，

"教授"只是一个名誉头衔，并无多少实际教学任务。这样伽利略可以自由地进行研究和写作。他唯一的任务便是将来大公爵有子女长大时须教他们学习数学和科学知识。有时会被邀参加宫廷宴会，讨论有关科学方面的事情。

威尼斯大公爵、议会和帕多瓦大学同仁对伽利略多方挽留，校方对伽利略的辞职感到不解和气愤，他们在他困境时聘请了他，而且不断地给他加薪，给他崇高的荣誉，待他不薄。而他却不念旧情，无故辞去。伽利略不得不向他们一再解释，终于得到了大家的谅解。但他的一些好友仍为他的选择担忧。

伽利略着手办理告别帕多瓦大学之前的有关事宜。与朋友们依依惜别，伽利略告别了他工作达18年之久的帕多瓦大学，踏上了回故乡之路。望着渐渐远去的帕多瓦大学，伽利略心里感到了无比的眷恋。那美丽的校园，那一幕幕往事，在这里取得的一项项成果，都深深地留在他的记忆里。他目不转睛地望着，直到帕多瓦在他的视野里消失。

1610年9月，伽利略作为著名科学家，作为受人尊敬的宫廷教授荣耀地回到他的故乡——佛罗伦萨。他的到来受到科西莫大公及幕僚们的欢迎。他终于成为一个名副其实的宫廷教授了。

不久，伽利略在佛罗伦萨接到好友萨格尔多一封信，信中说他认为伽利略不应该草率作出离开帕多瓦大学的决定。信中说："我知道你已离开这里，但是我不认为那是明智之举。在佛罗伦萨，你为一个大公爵服务，虽然他是一个好的君主，但是他却可以听信嫉妒你的人的话，而取消对你的信任。……大公爵的生命经常是短暂的。他逝世以后，有什么可以阻挡他的继承人不把你赶走呢？何况杜斯干不像威尼斯，它是教会控制下的公国。你为什么不仔细思量一下，就作出了这个愚蠢的决定呢？"他的朋友的担心并非没有道理，后来的经历证实了这一点。伽利略当时却绝对没有想到，他的这次凯旋而归，正是他后半生悲剧的开始。

金星位相的首次发现

　　正如伽利略期望的那样，作为宫廷教授，他可以集中精力进行他的写作和研究了。一到晚上，他就用新安装的望远镜继续观测天象，在茫茫的星空中寻找"新大陆"。

　　1610年9月末的一个晚上，伽利略得到另一惊人发现。这次他把望远镜瞄准金星，从望远镜望去，那圆圆的金星竟变成了一弯月牙儿！他简直不敢相信自己的眼睛，于是又定睛看了一会儿，的确如此。

　　伽利略抑制着自己的惊喜，没有立即向外界透露。为了进一步证实这个发现，他还需要时间。

　　那时学术界有一种流行的习惯，某人若有一项尚待证实的新发现，为了保留发现的优先权，可把他的新发现先用暗语发表，也就是把自己的发现的内容组成一句话，然后将句子中的字母打乱重排，变成另一句与发现的内容无关的话，借此"立此存照"。这样发现者可以争取时间进一步去证实自己的发现，等到确信无疑时，再正式公布。万一别人在这个时候也宣称同样的发现，他可以拿出早已公布的暗语来证明自己的优先权。

伽利略也采用了这一办法，为金星位相刊布的暗语：

Haec immature a me jam frustra leguntur，o，y．

（枉然，这些东西被我不成熟地收获了。）

显然，他人要想破译这35个字母组成的密码几乎是不可能的。

伽利略继续观察了许多个夜晚，发现金星的月牙渐渐地饱满起来，同时整个行星也逐渐变小。伽利略连续观察了3个月，发现当金星由亏变为全圆时，直径也变为最小。随后，圆形逐渐亏损，直径也随之增大。

伽利略兴奋极了。上述现象说明，金星与月亮一样也有位相变化。众所周知，月亮的明亮部分随着时间的变化呈现不同的形象，这是由于月亮、地球、太阳三个天体相对位置的变化所导致的。也就是说，当月亮绕地球旋转时，人们看到的月亮上的反射的太阳光，决定了月球位相。那么，金星的位相恰好也说明金星也是一个不发光的黑暗天体。它也是被太阳照亮的。

根据观测结果来看，月相与金星位相又有显著不同。

月亮的直径并不随月相而变化，而金星的直径则随着其位相而改变。这是什么道理呢？伽利略经过认真思考，认为这是因为月球在一个近似正圆的轨道上绕地球运行，地球处在圆心，二者之间的距离没有多大变化。而金星的位相与月不相同，恰好说明金星是在地球和太阳之间的轨道上，围绕太阳运行的。当金星和地球接近时，我们看见它呈现大的弯月状。当金星被太阳照亮的半球全部对着地球时，它也距地球最远，因而它的形态呈正圆，体积却是最小。

经过一系列的观测研究，伽利略已有充分把握证实金星的位相。于是他揭晓了暗语的谜底：

Cynthiae figuias amulatur mater amorum

（爱神的母亲仿效迪雅娜的位相）

"爱神的母亲"即指金星，迪雅娜是月神。

金星位相的发现，为哥白尼学说提供了又一个有力的证据。它证实了哥白尼60多年前的预言：金星是绕太阳运行的。哥白尼在他的《天体运行论》中指出：如果我们的视力足够敏锐的话，我们就会看到，金星像月亮一样出现位相。现在伽利略更加坚信哥白尼学说是正确的，同时也为自己能够以新的发现为哥白尼学说提供有力证据而感到欣慰和自豪。

罗马的座上客

　　1610年末，伽利略收到罗马天主教学院数学教授克拉维斯神父寄给他的信，信中说他也观察到了4颗木星卫星。神父热情邀请伽利略访问罗马，还表示他的到来将会受到罗马各界的热烈欢迎。伽利略接受了邀请，因为他也早有一个想法，想寻找机会结识罗马的科学界及宗教界的学者们，说服他们允许自己尽快地把发现的关于哥白尼学说的证据公开发表。伽利略原于12月份访问罗马。不料，由于这一段时间以来，他坚持在夜晚进行天文观测，受了风寒，关节炎发作了。严重时甚至卧床不起。这样访问罗马的计划不得不推迟。直到第二年3月病愈后才踏上了去罗马之路。

伽利略的到来，轰动了罗马城。他受到极其隆重的、贵宾般的礼遇，罗马的贵族、著名学者、教会高级官员都争相邀请他为座上宾。教皇保罗五世也亲自接见了他。

在罗马与伽利略共处时间最长的是贝拉明红衣主教。贝拉明大主教是罗马天主教学院的院长，具有很高的声望和权力。伽利略同他一起讨论了科学问题，二人有许多共同语言。他对伽利略十分赞赏，然而，伽利略在天文学上的新发现却使贝拉明主教感到不安。因为多少世纪以来，教会只接受亚里士多德理论，崇奉托勒密学说，即地球居中心不动，太阳绕地球运行。而伽利略的发现和结论，显然对教会不利，甚至会动摇人们对宗教的信仰。因此，贝拉明力劝伽利略在涉及哥白尼学说问题上要谨慎从事。他建议把一切哥白尼的学说视为未经证实的理论，不宜奉为真理对待。伽利略深知这位大主教在欧洲天主教界的权势和地位，必须征得他的同意才能使自己的发现和理论得到官方承认，才能公开发表。尽管心里不服气，但表面上还是表示接受他的意见。

伽利略得到罗马兰塞学院的邀请，参加了他们的会议，并接受邀请光荣地成为了兰塞学院的一名院士。兰塞学院是一个由当时第一流的科学家组成的学术团体。创始人塞西伯爵是一位学识渊博的青年贵族，素爱与学者为伍。这个学术团体的活动主要是研讨数学、天文学等学术问题，并负责集资、组织公共演讲，还可帮助出版科学家的学术著作。因此在欧洲当时诸多学术团体中有极高的声望。加入这个团体是一个"特殊的荣誉"。从此以后，伽利略在签名时，可以在他的名字后面写上一个"L"字母，表示他是兰塞学院的院士。兰塞学院的院士们向伽利略表示，可以运用他们的影响和资金去传播他的科学成就，帮助他出版他的书籍。

这次罗马之行，伽利略结识了许多科学界及宗教界的朋友，这为他日后许多著作的出版创造了有利条件。

回到佛罗伦萨后，伽利略曾一度把思路转向浮动物体研究。他很快完成一篇论述浮动物体的论文，寄到罗马兰塞学院出版，因为该论文观点上的争议，伽利略与亚里士多德的忠实信徒红衣主教冈扎加结下了怨恨。

伽利略对天象的观测也一直没有放松。这次他将望远镜指向了太阳，发现太阳表面上有暗黑的斑点。这些斑点大小形状各不相同。这一现象引起了他的关注。他把观测到的现象绘在图上，然后继续进行观察。为防止阳光刺眼，又能观察清楚，他在太阳接近地平线或者太阳光被浓雾遮蔽时对太阳进行观测。这也可能是导致他晚年失明的重要原因。观测一段时间后，他发现这些太阳黑子在缓慢移动，在西边缘时，运动很缓慢，而趋于日面中心时，运动速度加快，当移至东边缘时又变慢了。这一现象引起了伽利略的沉思。他认为应该有两种解释，或者是太阳黑子在绕着太阳运动，或者是太阳在绕其自身的轴旋转。伽利略更倾向于后一种可能。他推算出太阳自转一周大约需用28天时间。

当然，伽利略并不是第一个发现太阳黑子的人，但利用望远镜他看到了比前人更清晰的景象。他的卓越贡献是观测到黑子在太阳面上的移动和变化，证明太阳在绕轴自转。

伽利略把自己的观测结果和观点写信告诉了朋友们。

伽利略的《关于太阳黑子的信》1612年由兰塞学院出版，很快传遍科学界和宗教界，引起了人们的普遍关注。亚里士多德的信徒们终于不能忍受，于是群起而攻之。一位著名的神父公开在布道时批判伽利略和他的学说，还有人指责伽利略是异端分子。人们风传罗马在调查伽利略的新论，教廷在罗织他的异端罪证。

伽利略心里明白他的发现进一步证实了哥白尼学说，这可能会给他带来麻烦。他深知罗马教廷的厉害，意大利著名科学家布鲁诺为捍卫哥白尼学说，被活活烧死在罗马鲜花广场，人们至今记忆犹新。伽利略感到事态发展下去后果严重。为了探听这些传言的背景，以便澄清和表白，他决定立即去罗马，以求得到罗马方面的理解和支持。科西莫大公也对他深表关切，愿意尽力帮助他。亲笔写信给罗马上层人物，为伽利略辩解。1615年12月，伽利略带着科西莫大公的信再次来到罗马。

这一次，罗马一改旧日的热情。4年前曾争相邀请他的那些贵族和官员不再露面了。只有兰塞学院的塞西伯爵仍然像往日一样盛情接待他。

在罗马的两个月中，伽利略设法拜访了教会和贵族阶层的老朋友。发现他们对自己的态度已经发生了很大的变化，有的对他相当冷淡，有的对他避之唯恐不及，有的对他怀有敌意。连很要好的一些朋友现在也不敢接近他。而他的论敌——亚里士多德的追随者们，则公开指责他的主张违背圣经，暗中收集他的罪证，伺机向罗马教廷提出控告。

塞西伯爵和杜斯干大使都劝伽利略要谨慎，暂时回避关于哥白尼学说的讨论。因为这是他遭到仇视和威胁的主要原因。在这种情况下，伽利略服从了罗马教会的强大压力，向教会表白了他的忠诚。声明他永远是一个虔诚的天主教徒。尽管如此，伽利略还是受到教会法庭的正式警告，不得将哥白尼学说作为绝对事实进行讨论与辩解。伽利略违心地在保证书上签了字。因此，他得到贝拉明主教的证明书，这张证明书上说伽利略是无辜的，可以免受各种形式的惩罚。

1616年3月5日，天主教会决议，宣布哥白尼学说为"异端"，哥白尼的著作《天体运行论》列为禁书，凡是宣传哥白尼学说的出版物一律不许发行。除非对书中的表述方式作某些改动，将其学说作为观点而非事实才可以发表。这对伽利略来说无疑是一次重大的打击。这些禁令迫使伽利略无法继续进行天文学研究，他的一系列研究成果也难以公开。

无奈的隐居

伽利略从罗马回到佛罗伦萨，心情悲愤、郁闷，陷入深深的苦恼之中。虽然教会没有对他兴师问罪，但对他的所作所为已表现出极大反感，并且警告他不准再宣传哥白尼学说。那么他再继续研究天文还有什么意义呢？他深知继续观测天象，只能得到更多的证据证实遭到教会禁止的哥白尼学说的正确，只能给他的敌人找到更多迫害他的借口。千般无奈，只有离开喧嚣的市区，隐居到乡间去过清净的田园生活，让大自然的和风细雨来抚慰精神的创伤吧。

一天，伽利略悄悄地离开佛罗伦萨，来到郊外的塞尼别墅。这是一所相当讲究的住宅，有居住和实验所需房间，有一宽敞的客厅，还有一片秀丽的花园。伽利略还专门建造了一个小型天文台。环境幽雅，空气清新，风光宜人。伽利略在这里开始了他的隐居生活。他感到轻松、悠闲、自在。在这里，他没有多少事情可做，他只好把对实验的热情转移到园艺上，亲手侍弄果园与花园。他从园艺种植中寻求乐趣，渐渐地适应了寂静的田园生活，心情也似乎平静下来。

在外人看来伽利略似乎是过着隐居的、安宁的生活。但是，实际上他的内心世界却一刻也没有平静过。他一直在期待着早日结束这种无所作为的生活，盼望有一天形势发生变化，取消禁令，允许他的成果公之于众。

在伽利略隐居期间，他的亲密朋友和尊贵的保护人科西莫大公不幸去世。即位的是年仅10岁的费迪南德二世。因他年幼，暂时由母亲和祖母摄政，管理公国事务。摄政的两位国母虽然并不憎恨伽利略，但是看得出来，她们对科学毫无兴趣。不过，为了尊重已故的大公，她们不会辞退这位宫廷教授。可是也不会特别重视他。尤其是令伽利略担心的是两位国母与几位憎恶他的教士关系密切。他们经常在两位国母面前说伽利略的坏话。这对伽利略是很不利的，他不得不时时提防。伽利略这时才体会到多年前萨格尔多信中要他当心的话，现在果然应验了。

1623年是伽利略沉默的第8个年头。这一年伽利略的老朋友、一向赏识伽利略的巴比里尼主教当上了教皇。他就是乌尔班八世。消息传来，伽利略异常兴奋。他仿佛看到了希望之光，立即把花费3年心血写成的《分析者》一书，献给新教皇，以示祝贺。1623年10月《分析者》出版了。人们都想了解沉默8年之久的伽利略，会发表什么言论，争相购买这本书。乌尔班八世得到这本献给他的书又惊又喜。回信表示欢迎他的老朋友到罗马访问。此时，塞西院长也写信邀请伽利略再次光临罗马。他提醒伽利略说：1616年的沉寂与恐惧已经减轻，新教皇对他素来友好，如果此时来罗马访问，将是一个极好的机会，也许可能取消不准宣传哥白尼学说的禁令。伽利略复信接受了他们的邀请。

1624年4月，伽利略走出乡间别墅，怀着取消禁令的希望，再次来到罗马。教皇乌尔班八世热情欢迎他的来访，先后6次接见了他。他们在一起谈了很多，叙谈了各自别后的情形，又谈到诗歌、文学和共同的朋友，几乎无所不谈。但教皇却一直回避伽利略所关切的那个话题——取消宣扬哥白尼学说的禁令。最后，伽利略还是忍不住内心的冲动，直接提出请求，希望教皇支持他写作一部涉及哥白尼学说的著作。教皇迫不得已，向伽利略解释说，他不反对将它作为知识问题来探讨，但要把赞成和反对的论据同时写出来，而且作者不应当得出地球围绕太阳运行的那种结论。

对于教皇的答复，伽利略很满足。经过反复酝酿，一部巨著的构思在他的脑海里逐渐形成了。

不朽的《对话》

回到佛罗伦萨，沉寂已久的伽利略，又焕发出新的创造激情。他开始着手撰写那部思虑已久的著作。为了不违背他在1616年所受到的警告，顺利通过教会检察机关的审查，伽利略决定不采用枯燥的论文体，而采用对话的形式来写。他把书名定为《关于托勒密和哥白尼两大世界体系的对话》。因为这种形式。便于把他汇集的关于哥白尼学说的所有证据和理由充分表达出来。既是"对话"，争论双方就可以各抒己见，畅所欲言，想说什么就说什么。显然，作者可借书中人物之口，讲出自己想说而不敢说的话，表述自己想证明而又不敢证明的科学真理。

在《对话》中，伽利略用深邃而独到的构思，犀利而生动的语言，精心塑造了萨格尔多、萨维阿提、散普利索三个人物形象。萨格尔多才思敏捷，是伽利略的化身与代言人。他表面上充当仲裁人角色，实际上完全赞同哥白尼的主张，在"对话"中起到推波助澜作用。萨维阿提才华过人，能言善辩，是哥白尼学说的坚定拥护者。在"对话"中摆出了大量的确凿证据，证明了哥白尼学说是颠扑不破的真理。散普利索受过教育，但有几分傻气，是地心说的信奉者。他在"对话"中充当托勒密体系的辩护士角色。在这个人身上，伽利略淋漓尽致地刻画了17世纪初经院哲学家们的陈腐观点和性格特征。从书中似乎看不出伽利略站在哪一边，但随着对话与情节的展开，明眼人可以清楚地看出伽利略的鲜明立场。

伽利略在这部著作里，总结了他在自然科学方面一系列新的发现，精辟地论证了哥白尼的"日心说"。为了应付当时的恶劣环境，并能让读者明白，伽利略在文字上表现了非凡的技巧，凡是读过此书的无不为之赞叹。书中人物活灵活现，呼之欲出，具有极强的感染力。

为了慎重起见，伽利略在书中以《致明智的读者》为题，写了一篇耐人寻味的序言。一开头，伽利略便以一种维护罗马教会的口吻写道："几年前，为了排除当代的危险倾向，罗马（教会）颁布了一道有益世道人心的敕令，及时禁止了人们谈论毕达哥拉斯学派的地动说。有些人公然无耻地声称这道敕令之颁布并未经过对问题的公平考察，而是出于知识不够而引起的激情。还可以听到一些人埋怨说对天文观察完全外行的法官们不应当以草率的禁令来束缚理性的思维。"伽利略在这里以指责的口气道出的正是他久藏心底的话。他接着写道："听到这类吹毛求疵的傲慢言论时，我的热情再也抑制不住了。由于我充分了解这一慎重的决定，我决心作为这一庄严的真理的见证人而公正地出现在世界舞台上。"他又在序言中说：……我在讨论中站在哥白尼体系一边，把它作为纯数学假说来叙述，并用一切方法说明它，使它看起来比假定地球静止的学说好——诚然，并非绝对如此，而是相对于自称为逍遥学派的人的论据而言。这些人甚至连个称号都不配。因为他们并不漫步逍遥，他们满足崇拜死人；他们不是以应有的慎重态度来进行哲学研究，而仅仅是用他们所背诵的几条理解得很差的原则来谈论哲学。"伽利略在这里机智地表明了他对那些无知小人的鄙薄之情和他本人的鲜明立场。

《对话》一书正文由书中设置的三个人物对两个宇宙体系的四天"对话"组成。

第一天，通过三人对话，批判宗教神学的天体观，尤其是他们历来认为的天体与地球根本不同的谬论。同时论证地球是与其他行星一样的一个运动的天体。

在文中代表哥白尼学说的萨维阿提指出，地球同日月行星一样，也是一个运动的天体。驳斥了"天体不生，不灭，不变"和"天地间有根本区别"的谬论。他列举了当时观测到的某些特殊天体和天象，如彗星的出现和陨灭，1572年和1604年两次观测到的超新星爆发，太阳黑子的出现、移动与消失等。论证有理有据。

第二天，通过三人对话，批判托勒密的地心说中的地球静止不动的谬论，论证地球的周日运动——自转。在对话中伽利略充分利用了他在力学领域的研究成果，对地球和其他天体的运动进行初步的力学论证，以他所发现的惯性定律、自由落体定律及抛物运动的力学分析，说明地球和其他天体的运动，并不像亚里士多德的力学理论所说的那样，需要有一个持久的推动力来维持，而是有其自身的力学原因。这样，伽利略就以地面上的运动力学规律，初步论述了天体运动的力学原因。

第三天，通过三人的对话，批判托勒密体系的地球中心论，同时论证太阳系的中心是太阳，而不是地球；并进而论证地球与其他行星一样的绕日公转运动，即地球的周年运动。

在论证过程中，伽利略以大量的天文观测资料为依据，深刻揭露了托勒密体系中谬误百出的矛盾，令人信服地证明，哥白尼的日心体系具有无比的优越性。

第四天，通过三人对话，讨论潮汐问题。在此伽利略误将潮汐现象当成了地球运动的证据，他以为潮水的涨落是地球的公转和自转产生颠簸造成的。他想象海水来回冲击，就像盛在盒子中的水那样晃来晃去，这就是潮汐。他否定月球和太阳能引起潮汐。

伽利略的潮汐理论后来被证明是不正确的，直到牛顿发现万有引力定律后，潮汐现象才获得科学解释。

《对话》的写作形式和论证方式十分策略。在对托勒密地心体系和哥白尼的日心体系加以评述时，都由书中人物出场，作者本人并不加以直接的评述和论证。尽管如此，《对话》的批判矛头还是十分明显地指向托勒密的地心体系。读者可以从妙趣横生的对话中，毫不费力地接受了哥白尼学说，得出地球绕着太阳转的结论。

伽利略整整花费了5年工夫，深思熟虑，精心撰写，才完成了这本《对话》。动笔的时候，伽利略已进入花甲之年，由于体弱多病，再加上过度的劳累，好几次他不得不放下笔，卧床休息。

1630年，伽利略终于完成《对话》全部手稿。他把书稿送到罗马，请求教会发给许可付印证。很幸运，在兰塞学院塞西院长的帮助下书稿未经严格审查就得到了印发许可。不巧当这本书刚要交付印刷局排版的时候，欧洲那场大鼠疫发生了。这场瘟疫像野火一般传向整个欧洲大陆。当时人们既不了解病因，也不知道预防和治疗方法，大家都互相躲避，尽可能地少出家门，害怕染上这种可怕的疫病。《对话》的印制自然也就搁置下来了。不久，伽利略的好朋友塞西伯爵也不幸感染瘟疫逝世。塞西死后，他所创办的兰塞学院也被迫解散。因此，在罗马便无人料理这本书的印刷事宜。他只好将书稿拿回佛罗伦萨。

1631年，伽利略由市郊的塞尼别墅搬出，在阿塞特里村选定一幢较小的住宅。新居很幽静，附近还有他喜欢的葡萄园。最使他满意的是，从阳台上能看到他女儿所在的修道院。也可以经常去看望他的女儿，共享天伦之乐。平日里伽利略做些力所能及的小事，如修剪葡萄枝，为修道院修理计时钟等，借以消磨时光。

1631年冬末，大瘟疫的阴影刚刚消散，好消息便由佛罗伦萨传来了：兰迪尼印书馆答应承印《对话》一书。伽利略立即带着他的书稿和许可付印证，前往佛罗伦萨，交付印书馆付印出版。

1632年2月，《对话》终于问世了。

《对话》的问世立即就引起了巨大轰动。贺信从四面八方雪片般飞来。书一离开印刷厂，便立刻被抢购一空。书中的主人公萨格尔多、萨维阿提和散普利索也成了尽人皆知的人物。读者从他们的对话中，毫不费力地接受了哥白尼的学说。真理之声伴随着《对话》传遍全世界，并久久回荡在宇宙之中。

《对话》一书，从下笔到出书，历时8年之久。可以说，它凝聚了伽利略一生的全部科学思想，汇集了当时所有能够证实哥白尼学说的论据。它是一部划时代的科学文献，它对人类科学事业有着极其深远的影响。它与哥白尼的《天体运行论》、牛顿的《自然哲学的数学原理》一起被今天的历史学家称为近代天文学的三部最伟大的著作。

教会的阶下囚

伽利略精心创作的《对话》，由于巧妙采用对话文体，行文在表面上看来是两派各抒己见，因而蒙过教会检查官，获准出版。《对话》出版后受到广大读者的欢迎，在社会上激起轩然大波。震动了罗马教会。

罗马教会的神学家们很快得到了《对话》一书。看后，他们感到无比惊异。他们敏感地发现这本书所起到的实际作用。从《对话》表面上看来，伽利略遵循了教皇的指示，对太阳和地球的运动，陈述了双方的理由。如果读者不是白痴的话，读后会很明显地看出作者宣传的是什么。书中代表哥白尼学说的萨维阿提是三个角色中最聪明的一个。他的论证是那样有力，理由是那样充分。仲裁人也分明在赞成他的观点。如果读者不抱成见的话，肯定会相信地球是围绕太阳运行的。显然《对话》作者是在宣传哥白尼学说。他们认为《对话》的流传，将动摇人们对宗教的信仰，比洪水、猛兽还要可怕，比瘟疫更有害。于是他们立即向罗马宗教裁判所提出控告。

罗马宗教裁判所为此也深感不安，意识到《对话》危害性极大，继续传播下去，将严重危及教会的思想统治。而一些神学家们趁机向教皇大进谗言，诬告《对话》中的那个为地心说辩护的傻瓜散普利索就是影射教皇本人。这样一来更加重了伽利略的罪名。教皇乌尔班八世为此恼羞成怒，立即下令禁止《对话》的发售，将其全部没收。同时开始对伽利略严厉打击和迫害。

1632年10月，也就是查禁《对话》两个月后，罗马宗教法庭发出传票，要伽利略火速到罗马宗教法庭，接受审判。

这时，年近古稀的伽利略体弱多病，听到传讯消息立即昏厥过去，引起旧病复发，以致卧床不起。医生诊断病情十分严重，并为他开了证明："伽利略病重。他从佛罗伦萨到罗马，可能在半路上便到另一个世界中去了。"见此情况，伽利略的学生、费迪南德大公委派特使，带着病情证明书前往罗马，请求推迟或取消审判。伽利略在罗马的朋友也在教皇面前为他说情。尽管如此，罗马方面还是不改成命。无论如何不肯取消审判。但可等伽利略的病情稍有好转再亲自来罗马候审。

1633年初，伽利略病情稍有好转，佛罗伦萨的教会首领带来3个医生来探望伽利略，医生会诊后签署了一份报告说："伽利略病情仍很严重，没法出门。"他们把报告送到罗马。

罗马的回答强硬而凶悍："如果伽利略不马上来，就立刻派人去把他抓起来，锁上铁链，押到罗马。并由他承担路上一切费用。"

1633年1月20日，年老体衰的伽利略不得不告别爱女，被人搀扶着，抱病前往罗马出庭受审。费迪南德大公派人护送，并让自己的医生陪同前往。

路上，在众人的照顾和护送下，历尽千辛万苦，于同年2月13日到了罗马。

伽利略到达罗马，立即被捕入狱，"不经许可，不准与任何人接触"。

在等待正式审判期间，伽利略得到他的朋友以及他的崇拜者们的无私帮助。费迪南德大公嘱托他的朋友们精心照顾这位老人，还写信给宗教法庭为伽利略求情。伽利略在罗马的一些地位显赫的朋友也为他奔走，这才使伽利略得以幸免枷锁与苦刑。这段时间里，教会法庭多次传讯伽利略，非正式地审讯他，威逼他交代他的信仰与活动。伽利略为自己作了辩解。

这年4月，严厉的审讯开始了。教会法庭上一片阴森恐怖，审讯的中心问题是伽利略犯有拥护和宣传哥白尼学说之罪。

法官板着面孔问道："伽利略，你写了本论述托勒密学说和哥白尼学说的书，是吗？"

"是的。教会曾允许我出版这本书。"伽利略回答。

"他们不知道实际情形。你在1616年已许下诺言，那年我们就在这里召见了你。你答应不讲授哥白尼学说，也不著述有关这方面的东西。"

"这不对，我只答应不讲授哥白尼学说，我也一直没有讲授过。我写书论述了他的学说，我说哥白尼学说与托勒密学说不一样，但我从来没说过哥白尼学说是正确的。"

"不管你怎么说，你违背了自己的诺言，因此教会法庭要给你治罪。"

法官指控伽利略忽视1616年的警告，坚持并宣传哥白尼的"日心地动"的谬说。这是对圣经的亵污和对教会的蔑视。《对话》居然称颂哥白尼的才智远胜于托勒密，妄图动摇对圣经的信仰。并要伽利略认罪，公开忏悔。

伽利略在法庭上据理力争，指出《对话》只是赞同哥白尼学说的萨维阿提和托勒密学说拥护者散普利索之间的对话，作者本人并没有下过结论。《对话》序言中也明确指出哥白尼学说是"作为一种纯数学假说来叙述"，"为的是简化天文学，而不是由于自然界必然如此"。

他愤怒斥责法官们："无理要求一个科学家去背弃自己的感情和那些无可辩驳的证据。这是你们在制造异端！"

在多次审讯中，伽利略义正词严，坚持自己的观点，不肯低头认罪。

审讯持续了几个月，伽利略拒不认罪，教会法庭大为震怒，竟对这位老科学家动用刑具。他们对伽利略严刑拷问，把他折磨得筋疲力尽、死去活来，还把一件件刑具全摆在伽利略面前，威胁他说：你必须当众否认哥白尼学说是真理，否则将在受尽苦刑之后处死你。最后，他们对伽利略施行了"维多利亚"式酷刑。所谓"维多利亚"就是"不准睡眠"。法官每隔4小时轮换一次，持续拷问，不让伽利略有片刻安宁。审讯像"马拉松"似的持续了50多个小时。严刑的摧残使风烛残年的伽利略再也支撑不住了，他已经意识到，如果坚持对抗下去，等待他的将是更严厉的刑罚，甚至死亡。布鲁诺的悲剧在这位老科学家的头脑里再现了。他的精神和肉体都衰弱到极点了。迫于教会的淫威和残暴，最后伽利略被迫违心地表示服罪，并在已经为他写好了的悔罪书上签了字，表示"忏悔"自己的所谓"罪行"。悔罪书上写道："我跪在光荣的宗教裁判者面前，我触犯了圣经。我保证：我相信，并永远相信教会所说的和传授的是真理。宗教裁判所已命令我既不要相信也不要再讲授错误的地球运动和太阳静止学说，因为这个学说与圣经是相抵触的。由于我写了并出版了一本著作，在其中我阐述了这个学说，并进一步加以有力支持，结果我被宣布为异端。现在，为了扫除天主教会对我的这种公正怀疑，我放弃并且诅咒已说过的那些错误和异端，并放弃和诅咒每一个和教会所教导的相反的错误和见解。我也被警告将来永远既不要写，也不要谈论任何使我重新被怀疑的东西。无论在什么地方，假如再发觉或怀疑我有任何异端，我将立即被送至宗教裁判所。"

　　虽然伽利略向教会表示悔罪并服从他们的判决，可是教会并没有对这位老病交加的科学家表现出丝毫宽容，仍判定将他投入监狱监禁，这种不公正的判决在宗教法庭内部也引起激烈争论。遭到其中三位红衣主教的强烈反对，这三位主教最后拒绝在判决书上签字。

后来在费迪南德大公及伽利略的几位地位显要的好友斡旋之下，教廷才同意把判决改为监外执行，实行终身软禁。

1633年6月22日，伽利略被人押赴法庭，听候宣判。

判决书首先罗列了伽利略的种种罪名：

"伽利略……认为太阳是世界的中心而且是静止的，大地也昼夜运动等许多谬论是真实的，还加以宣传。你对你的一些学生也宣传了这种谬论。关于这种说法曾和某些德国数学家通过信。你发表了名为《论太阳的黑子》的文字……根据哥白尼的假定，反对《圣经》的真正精神和权威的各种原理。"

"因此本神圣法庭要阻止引起《圣经》的信仰遭受毁灭和愈益扩大的混乱和毒害，根据教皇和最高的世界异端法庭各位枢机主教的命令，太阳的中心与大地的运行这两个原理受到鉴定者神学家的审查：太阳是世界中心而且是静止的原理在哲学上是荒谬的，虚伪的，而且在形式上是异端的，因为这与《圣经》上所说的相矛盾。大地不是世界的中心而且不是静止的，也是昼夜运行的原理，在哲学上也是荒谬和虚妄的，在神学上至少是信仰上的错误。"

"根据上述罪状，教会法庭宣布对伽利略的最后判决：

一、《对话》列为禁书，不许发行与阅读。

二、今后三年每日必须念诵忏悔经一次。

三、永远监禁家中，不许外出。"

宣布完毕，命令伽利略下跪，诵读"我从此不以任何方式、言语或著作，去支持、维护或宣传地动的邪说"。

可是，当伽利略从地上慢慢站起身来，在判决书上签字以后，他喃喃自语道："地球仍在转动！"

震惊科学史的"罗马教廷伽利略案"就这样经过长达6个月之久的审讯，以极不公正的判决而暂告一个段落。

伽利略在教会淫威胁迫下，表面上表示屈服、悔罪，可他内心却坚信：真理是打不倒的，地球仍将围绕太阳运转，后人一定会证明这一点的，真理终将战胜谬误。

正像伽利略所预料的那样，随着时光推移，科学终于强有力地证明，地球是围绕太阳运转的，这是科学家们用血、泪，乃至生命换来的颠扑不破的真理。

1979年11月10日，罗马教皇在世界主教会议上正式提出重新审理"伽利略案件"，使沉冤300余年的罗马教廷伽利略案，终于得以纠正，并且正式宣布为伽利略这位伟大的科学家平反昭雪。历史终于作出了公正的判决。"一时强弱在于力，千秋胜负在于理。"真理必将最后战胜谬误！

最后一部巨著

　　伽利略由于长期刑讯的摧残，再加上病痛的折磨，身体虚弱到了极点，他被带出法庭，无法行走，先被关押在罗马附近尼哥利公爵的一幢别墅里。尼哥利公爵是伽利略的好友。伽利略在这里休养一段时间后，身体略有恢复，便被遣送佛罗伦萨乡下阿塞特里村他的家中。伽利略就在这冷落和孤寂的囚禁生活中，度过了他生命的最后9年。

　　伽利略在教会监视人员押解下，回到阿塞特里村时，已是寒冬季节。回到离别近一年的家，他百感交集。举目望去，只见那所旧屋在呼啸的寒风中，孤零零地立在那里。庭院铺满了落叶，干枯了的葡萄萎缩在藤上，一片凄凉景象。伽利略迈着沉重的脚步跨进庭院。旅途的艰辛，长途跋涉的劳苦，使刚刚回到家里的伽利略病情更加严重。尤其是精神上的打击，使他在心灵上受到了极大的伤害。羞愧、苦恼时时萦绕在他的心头，不停地折磨着他，好长一段时间他卧病在床。

伽利略的大女儿玛丽亚，见父亲平安回来，高兴得流下了眼泪。她用尽心思去安慰年迈的父亲，排遣他心中的愁苦。自父亲去罗马受审之日起，她无时无刻不在为父亲担忧，有时茶不思、饭不想，身体也大大受到损害。当伽利略看到女儿憔悴的面容时，他的心不禁抽搐了……

按照教会法庭的规定，幽禁在家中的伽利略，除了可以看望女儿以外，不经准许不得离开住处一步，也不许他出版任何著作。因此，他的大多数时间，只好在葡萄园里消磨时光，或者漫无目的地在屋里踱步。每当夜深人静，星光与月光常常激起他对往事的回忆……。最令他怀念的是他在帕多瓦大学的那段生活。他为自己不听朋友的劝告而离开帕多瓦大学，悔恨不已。假如当初留在帕多瓦大学，那么威尼斯共和国是不会让教会法庭来逮捕他的，也不会遭到审判。可是，过去的事已如烟云，无法挽回了。他又想起他的望远镜和他在望远镜里看到的那些神奇的天象，然而正是这些新天象的发现，才使他受审、受辱。一想到罗马受审，他的心不免又沉重起来。他极力克制自己不去想那些伤心的事儿。他又想起青少年时代所做的科学工作，想起那时所做的实验。想到这儿，他忽然记起实验记录还保存在箱子里。为何不利用这段时光把它们好好整理一下，写一部有关他的书留给后人呢？

想起实验，想起为后人留下一份科学遗产，沉寂的伽利略，思想又活跃起来。他翻出了多年压在箱底的资料，按照自己研究过的学科性质一一分类整理。他发现这些资料足够用来写一部物理学的书了。伽利略立即动手写作。他想，这个工作不仅可以消磨他所剩无几的晚年，而且将是一件非常有意义的事情。

然而，不幸又降临在伽利略老人身上。春天到来的时候，他得到修道院的通知：他的大女儿因病去世了。这不幸的消息使他悲痛欲绝。多年来大女儿精心照料他，安慰他，因此在他的心里大女儿已成了他的精神支柱。他从此不仅失去了最心爱的女儿，也失去了一位知心朋友。他的二女儿则很少从静修室里出来和他见面。而他的儿子万桑佐只有在要钱时才来看他。爱女的死，这个突如其来的打击对于伽利略实在是太大了。他病倒了。这一次病得很重，持续了好长一段时间，几周后才慢慢好转。可是他的双眼却受到了严重损害。他的视力一天不如一天，心情也越来越坏了。好在这时又传来消息说，《对话》已经译成拉丁文在斯特拉斯堡出版了。随后又听说被译成英文出版。许多人为了了解哥白尼学说，争相购买这本书，还有一些人是出于好奇，想知道这本"禁书"的内容而去抢购。教会法庭原想禁止人们接触哥白尼的地动学说，结果适得其反，更加引起了人们对这本书的极大关注。《对话》的流行，使地动说得到了广泛的传播，这正是伽利略所期望的。

《对话》译文的出版，使伽利略备受鼓舞。精神状态因此大有好转。他又焕发出新的创作激情，投入到著书立说的工作中去。

伽利略不顾年迈体衰，在极端困难的条件下，经过3年的艰辛努力，整理了他一生所做的有关力学的实验，终于在1636年偷偷地完成了他一生中另一部更有代表性的伟大著作：《关于力学和位置运动的两种新科学的对话和数学证明》，或简称为《关于两种新科学的对话》。伽利略的这部光辉著作，也是以三人对话的形式写的。它是一部物理学，特别是力学的新著。书中系统地总结了他一生中对物理学的所有研究成果，对动力学、弹性力学、材料力学、声学、弹道学及科学方法论等方面，均有生动的论述。这一巨著从根本上否定了亚里士多德的运动学说。著作中的实验研究虽然绝大部分是他在帕多瓦大学任教期间完成的，但这些实验研究的理论总结却凝聚了他毕生的心血。这部著作是近代力学作为一门独立的科学的奠基之作，科学家们称它为伽利略献给现代文明的一份厚礼。伽利略自己也认为这是超越他过去所写的一切作品的一本书。伽利略在后来的自述中说："我认为这是我一切著作中最有价值的。因为它是我极端痛苦的果实。"著名的数学家拉格朗日对伽利略在力学上的贡献给予了很高的评价。他说："伽利略是动力学的奠基者，他的一系列发现为力学的发展开辟了令人望不到头的道路。"

《关于两种新科学的对话》的书稿完成后，伽利略知道他的任何著作都不可能在意大利得到出版许可。而没有出版许可的手稿在意大利是没有任何书商敢于出版的。所以他只得把这一著作的手稿托朋友秘密带往国外，最后才得以于1638年在荷兰的阿姆斯特丹出版。

1637年，伽利略完成《关于两种新科学的对话》书稿时，已感觉到阅读十分困难，不久，他的左眼失明了。右眼也只剩下微弱的视力，如果不迅速医治，也难免完全失明。可是，正值隆冬季节，医生们都不肯到阿塞特里来出诊。因此伽利略写信给教会法庭，请求准许他前去佛罗伦萨就医，几位朋友也从中说情。最后他得到了许可。于是伽利略前往佛罗伦萨医治眼病，但是时间的拖延已使医生无能为力了。1638年当印成的《关于两种新科学的对话》送到他手里时，他已经看不见一个字。伽利略深情地抚摸着心爱的著作，用冰冷的双唇吻了几下，流出了欢乐的泪水。

伽利略双目失明后，又回到阿塞特里乡下的家里，由他的管家和一个佣人照料他的生活。

1638年底的一天，一位不速之客来拜访伽利略，提出一个请求："老师，我可以住在这里照顾您吗？我只希望听您讲讲您的新科学。"这是伽利略旧日的学生维维安尼。孤独寂寞的伽利略慨然允诺了他的诚恳请求。于是维维安尼就搬来与伽利略一起生活和学习，同时做伽利略的文书。几年后，维维安尼写出了伽利略的第一部长篇传记。由于伽利略在最后几年中向他诉说了自己的生活轶事，因而使这部书具有特殊的价值。1641年，伽利略的另一个得意门生托里拆利，也加入了这个家庭。他同时还带来了不少信息。如《关于两种新科学的对话》一书，在世界科学界引起了极大的反响。伽利略听了，心里异常兴奋。

伽利略与他的两名得意门生一起度过了生命的最后一段时光。他们每天在一起散步，谈话，讨论问题。他们的谈话总是离不开科学与发明。托里拆利提出空气温度计和它的不足之处，伽利略提出了改进意见。后来，托里拆利在此基础上发明了水银气压计，成为著名的发明家。维维安尼后来也成为一位著名数学家。

这年冬天，伽利略染上寒热病，病情异常严重，数日卧床不起。对于这位饱经忧患、风烛残年的老人，死神已经临近。临终前，伽利略把自己尚未完成的科学研究设想，口授给托里拆利，后经托时里拆利加工整理，作为《对话》的附篇流传后世。

1642年1月8日凌晨4时，伽利略，这位为科学、为真理而战斗一生的伟大战士、科学巨匠怀抱着他最心爱的著作《关于两种新科学的对话》，安详地停止了呼吸。一颗科学巨星陨落了。他在离开人世的前夕还重复了他以前常说的一句话："追求科学需要特殊的勇气！"其实，这也正是他为科学而英勇奋斗的一生的真实写照。

伽利略与世长辞了，但是这位科学巨匠的辉煌业绩却永垂科学史册。他的不朽英名却将与天地共存，与日月同辉。

世界五千年科技故事丛书